Bernard Palmer

Danny Orlis und der Schatz von Angle Inlet

TVF
Trachsel Verlag
Frutigen

ISBN 3 7271 0062 1

TELOS-Jugendbuch Nr. 3582

This book was first published under the title ,,Danny Orlis and the Angle Inlet Mystery'' in the United States by the Moody Press of the Moody Bible Institute of Chicago
Übersetzung: litera, Köppl
Umschlag: E.Trachsel-Pauli, Frutigen

Satz: TVF Frutigen est
Druck: Buchdruckerei Jakob AG, Großhöchstetten
Printed in Switzerland - 1981

Übersicht

DANNYS NEUIGKEITEN

Danny Orlis ging, begleitet von seinem Hund Laddie, langsam bis zur Ecke. Er hielt auf der Überlandstraße Ausschau nach dem International Falls Bus, der schon vor einer Stunde hätte in Warroad, Minnesota, eintreffen sollen.

„In einer Minute werden sie da sein, Laddie", meinte er zu seinem Hund, einer Mischung aus Collie und Schäferhund. Seine Stimme klang gespannt vor Aufregung. „In einer Minute werden sie da sein", wiederholte er freudig.

Er konnte es kaum erwarten, ihnen von dem zu berichten, was er zufällig auf dem Boot vom American Point herüber gehört hatte — etwas, das ihm das Blut ins Gesicht und einen Schauer der Erregung über das Rückgrat gejagt hatte, was ihn die halbe Nacht vom Schlaf abhielt und selbst jetzt das Herz heftiger schlagen ließ. Ein Schatz! Verborgen in seinem eigenen Gebiet von Angle Inlet! Das reichte, um ihn in Aufregung zu versetzen. Er blickte wieder die Straße hinauf, kehrte dann um und schritt langsam auf das Hotel zu. Wenn nur die Zwillinge endlich kämen!

Danny Orlis war nicht besonders groß, aber schlank und drahtig, stark wie ein Hickory-Schößling und schnell wie einer der Hirsche in seinem heimatlichen Northwest Angle im nördlichen Minnesota. Lange Monate draußen in Sonne und Regen hatten sein Gesicht gebräunt. Seine Augen zeigten einen scharfen, wachen Blick, und er hielt sich mit der selbstverständlichen Anmut eines Menschen, der den ganzen Tag gehen oder schwimmen konnte.

Von der Straße her war ein dumpfes Rumpeln zu vernehmen, und Danny drehte sich rasch um. Er sah den Bus halten, aus dem Bob und Dick Lance als erste herauskletterten. Sie machten ein paar Schritte auf dem Gehweg, hielten an und schauten sich nervös um. Danny hätte sie überall erkannt.

„Hallo, ihr zwei", rief er ihnen zu.

„Hallo Danny", grüßte Dick.

Bob grunzte nur.

„Mann, ich hab' schon geglaubt, ihr würdet überhaupt nicht mehr kommen", fuhr Danny fort, als er einen ihrer Koffer packte und sie zum Landesteg am Lake of the Woods führte. „Das Boot soll um 8 Uhr abfahren. Wenn wir es versäumen, müssen wir bis morgen früh hierbleiben."

„Das wär' auch nicht das Schlechteste", brummte Bob verärgert. „Selbst in einem solchen verlassenen Nest zu bleiben, wäre besser, als in die — die Wildnis hinauszugehen, wo wir hin sollen."

„Oh, es wird euch in Angle Inlet gefallen", versicherte Danny schnell. Mehr konnte er nicht tun, um zu verhindern, daß er jetzt schon sein Geheimnis ausplauderte — aber hier auf der Straße schien es ihm nicht sicher genug. Besser war es, zu warten, bis sie sich sicher auf dem Boot befanden, das zwischen den Oak und Flag Islands und Angle Inlet auf dem Lake of the Woods verkehrte. „Wir haben die besten Fischwasser im Land und eine Menge Großwild aller Art."

„Die kannst du geschenkt haben", meckerte Bob. „Mir ist St. Paul lieber."

„Gib einfach keine acht auf ihn", warf Dick lachend ein. „Er ist eben wütend, weil Mom krank wurde und wir hierher in den Northwest Angle kommen mußten, um den Sommer bei dir zu verbringen."

„Wir hätten daheim bleiben können", fuhr Bob fort.

„Dort hätten wir unseren Spaß gehabt. Ich wette, Dan, da wo du wohnst, gibt es nicht mal eine Show."

„Eine Show?" wiederholte Danny. „Nun, wir haben draußen im Angle weder Straßen noch elektrischen Strom noch Städte. Ich glaube, wir haben wohl auch keine Shows." Dann setzte er hinzu: „Natürlich würde ich auch nicht hingehen, wenn wir schon welche hätten."

„Du würdest nicht in eine Show gehen?" stutzte Bob. „Warum nicht?"

„Nun, siehst du", erklärte ihm Danny und hob den Koffer in das Unterdeck der ‚Bert Steele', „ich bin Christ, und ich finde es besser, keine Shows zu besuchen. Da gibt es soviel Trinkerei und Glücksspiel und Sünde."

„Ich hab' noch nie so was gehört, daß einer nicht in eine Show gehen will", spottete Bob, als er nach seinem Bruder in das Fischereiboot kletterte. „Aber das hätte ich ja von einem Hinterwäldler erwarten können."

„Was meinst du damit, du seiest Christ?" wollte aber nun Dick wissen.

„Ich meine damit, daß ich mich von ganzem Herzen zu Jesus Christus bekehrt habe, daß ich meine Sünden bekannt und ein neues Leben begonnen habe und jetzt darauf vertraue, daß der Herr mich von allen Gebundenheiten erlöst hat", antwortete Danny und setzte sich auf die Ecke eines Werkzeugkastens. „Und weil ich Christ bin, versuche ich mit Gottes Hilfe nach Seinem Willen zu leben und auf dem Weg zu gehen, auf dem Jesus mich haben will."

„Ein Christ!" schnarrte Bob. „Dummes Zeug!"

„Halt lieber die Klappe, Bob!" wies ihn Dick zurecht. Er war der größere der Zwillinge, blond, schlank und von freundlichem Naturell, während Bob dunkelhaarig, dick und mürrisch war.

„Ich hab' ein Geheimnis, das ich euch mitteilen will", flüsterte Danny plötzlich, als sie an der Leiter standen, die zum Oberdeck führte. „Aber wir müssen sicher sein, daß wir allein sind, ehe ich davon sprechen kann."

Dicks Augen funkelten vor Aufregung, doch Bob zeigte sich unbeeindruckt. „Was willst denn du uns wohl beibringen?" hänselte er. „Willst du uns vielleicht erzählen, du wüßtest, wo eine alte Hasenmutter ihren Bau hat?"

„Wart' nur erst ab", deutete ihm Dan.

Sie kletterten die Leiter hoch und begaben sich zum Heck des Decks, wo sie fern der anderen Passagiere einen Winkel für sich allein fanden.

„Nun, was ist das für ein Geheimnis, von dem du uns erzählen willst?" flüsterte Dick neugierig.

„Nun, ich — ", begann Danny, doch gerade in diesem Augenblick rief ihn der Kapitän der ‚Bert Steele' zu sich.

„Sag mal, Danny, könntest du nicht herabkommen und diese Koffer für mich wegstellen? Ich habe eine Ladung Bauholz und eine Anzahl Außenbordmotoren, die in Oak ausgeladen werden müssen."

„Ich bin in einer Minute zurück", rief er den Zwillingen zu.

„Ich werde gehen", meinte Bob und erhob sich rasch. „Es ist ohnehin unser einfältiges Zeug."

Ehe Danny widersprechen konnte, stieg Bob die Leiter in das Unterdeck hinab, wo Fische und Fracht verstaut waren.

„Ich möchte mal wissen, was mit dem los ist", meinte Dick.

Wenige Minuten später hörte Danny seinen Hund knurren. „Was hat denn Laddie nur?" murmelte er.

„Hört sich an, als habe er jemand gestellt", bemerkte Dick.

Laddie knurrte tief aus der Kehle. „Es hört sich wirklich so an, als habe er jemand gestellt", bestätigte Danny, stand auf und ging auf die Leiter zu. „Das ist sonst gar nicht seine Art."

In diesem Augenblick hörte man Bob schreien. „Danny! Hol ihn weg!" zetterte er. „Danny! Danny! Er bringt mich um! Hol mich raus! Bring mich weg!"

Danny rannte los und kletterte die Leiter zum Unterdeck hinab. Laddie hatte Bobs Hand zwischen den Zähnen. Das Nackenhaar war gesträubt und seine langen, scharfen Zähne gefletscht. Die Kiefer des Hundes zitterten, und er knurrte noch immer.

„Mach mich sofort los, Danny", schrie Bob. „Er bringt mich um!"

„Laddie!" befahl Dan scharf. „Laddie! Komm her!"

Der große Hund blickte ihn flehend an, löste dann seinen Griff von dem erschrockenen Bob und trabte gehorsam an Dannys Seite.

„Was ist denn in dich gefahren, Bursche?" fragte Danny streng seinen Hund.

„Er hat mich umbringen wollen. Jawohl, das hat er. Er hat mich umbringen wollen."

„Und wenn das mein Hund wäre", warf Kapitän Anderson ein, „dann hätte ich ihn nicht gehindert. Ich habe gesehen, wie du ihm im Vorbeigehen einen Tritt in das Gesicht gegeben hast."

Danny wandte sich mit blitzenden Augen seinem Vetter zu. Bob trat ein oder zwei Schritte zurück — sein Gesicht wurde rot.

„Mach' das ja nicht noch einmal", bestimmte Dan leise. „Versuch' bloß nicht noch einmal, Hand an meinen Hund zu legen."

Wortlos drehte sich Bob um und schritt zurück zum

Oberdeck. Mehrere Minuten lang saß er da und rieb sich die Hand, die Laddie zwischen seinen Zähnen gehabt hatte. Die Haut war zwar unverletzt, doch die Zähne hatten tiefe Marken hinterlassen, die am nächsten Morgen schwarz und blau sein würden.

Das große Boot legte langsam vom Landesteg ab, wendete und fuhr gemächlich aus dem Hafen hinaus. Ein frischer Wind wehte, und kräftige Wellen rollten über den See, als es seinen Kurs nach Buffalo Point steuerte.

Eine ganze Weile schwiegen die Jungen. Sooft Danny zu Bob hinübersah, wandte der sich ab. An Bord waren noch mehrere andere Passagiere, Fischer und Urlauber, die zu den Ferienplätzen am Lake of the Woods fuhren, doch sie versammelten sich auf den Sitzplätzen vorne am Schiff, so daß die Jungen fast für sich waren.

Schließlich begann Dick: „Nun, was ist das denn für ein Geheimnis, von dem du uns erzählen willst?"

Danny beugte sich vor und senkte die Stimme: „Auf der Fahrt herüber, in der vergangenen Nacht, war ich in der Kabine fast eingeschlafen, als einige Männer kamen und flüsternd zu reden begannen. Ich konnte nicht verhindern, daß ich mit anhörte, was sie sprachen."

„Ja, ja, und was weiter?" Dick beugte sich vor, bis er mit dem Kopf fast an Dannys Stirne stieß. Selbst Bob rutschte ein wenig näher.

„Die Geschichte reicht weit zurück, bis um 1735 oder so", berichtete Danny sehr leise, „in die Zeit, als das alte Fort Charles von französischen Soldaten besetzt und der Dawson Trail von Angle Inlet nach Winnipeg benutzt wurden."

„Was hat das mit dem Geheimnis zu tun?" fragte Bob ungeduldig.

„Nun halt mal die Luft an!" rief Dick. „Wie soll uns

Danny davon erzählen können, wenn du ihn dauernd unterbrichst?"

„Er plaudert uns da, was er einige Männer hat reden hören, und dann schaltet er plötzlich auf eine Geschichtslektion um", brummte Bob finster. „Ich kann mir nicht vorstellen, was das mit uns zu tun hat!"

„Es hat eine Menge damit zu tun", fuhr Danny fort. Seine Stimme war nur noch ein heiseres Flüstern. „Auf dem Lake of the Woods herrschte zu jener Zeit ein reger Verkehr. Die Menschen reisten über die Großen Seen zur Nordwestecke des Oberen Sees, fuhren im Kanu zum Lake of the Woods und von dort über Land weiter auf dem alten Dawson Trail nach Winnipeg. Eine Menge Pelze und Gold wurden auf dieser Route befördert, und die Indianer verübten sehr oft Überfälle." Er hielt einen Augenblick inne und sah sich um. „Diese Burschen behaupteten, es habe da einmal einen Reisenden gegeben mit Namen Du Bois mit einer eisernen Kiste voller Goldmünzen — *einem ganzen Schatz!*"

Dick zog scharf die Luft ein und rückte noch ein wenig näher zu Danny heran.

„Dieser Bursche kam bis Fort Charles oder Angle Inlet", setzte Danny seinen Bericht eifrig fort, „als die Nachricht von einem schrecklichen Indianeraufstand und einem Massaker auf dem Dawson Trail eintraf. Dieser Monsieur Du Bois bekam Angst und vergrub daraufhin sein Geld!"

„Auf dem Angle?" forschte Dick aufgeregt.

„Auf dem Angle oder einer der Inseln in der Nähe", meinte Danny. „Es kann nicht weit weg gewesen sein, weil sich die Indianer so wild und feindselig verhielten und Du Bois voller Angst war, daß er, Gold hin, Gold her, nicht sehr weit gegangen sein dürfte."

„Ja, aber warum kam er nicht zurück und holte es?" fragte Bob.

„Er gehörte zu einer Gesellschaft, die zwei Tage später außerhalb von Winnipeg in einen Hinterhalt geriet und getötet wurde", entgegnete Danny. „Und so liegt sein Gold noch immer da oben und wartet auf einen, der kommt und es ausbuddelt."

„Ganz recht", stimmte Dick zu, „aber das ist ein recht großes Gebiet, wo es liegen kann. Wenn man es finden wollte, dann wäre das wie die Nadel im Heuhaufen."

„Diese Kerle sprachen, als ob sie nach einer Karte oder einem Teil davon suchen. Ich hörte sie sagen, daß Du Bois eine Karte über das Versteck seines Schatzes hinterlassen habe."

„Mann — o Mann!" rief Bob mit leuchtenden Augen. „Ein richtiger, ehrlich vergrabener Schatz!"

„Pscht!" Danny legte warnend den Finger über die Lippen seines Vetters.

„Glaubst du, daß wir irgend eine Chance haben, den Schatz zu f-finden?" fragte Bob.

„Sicherlich können wir danach Ausschau halten", meinte Dick.

Bob seufzte tief. „Junge, Junge, was würde ich nicht alles mit meinem Anteil unternehmen, wenn wir ihn finden? Ich könnte hundert Comic-Bücher kaufen und sechs Dutzend Limos trinken und fünfzig Cowboy-Shows anschauen — " Er hielt inne, drehte sich zu Danny um und raunte spöttisch: „Oh, entschuldige. Du gehst wohl auch nicht ins Kino?"

„Ganz recht", entgegnete Danny mit gutmütigem Grinsen. „Ich gehe nicht ins Kino und lese keine Comic-Bücher. Manche sind genau so übel wie Shows." Er wollte noch mehr sagen, hielt aber abrupt inne. Zwei Männer kamen die Leiter vom Unterdeck herauf. Er faßte mit zitternder Hand Dicks Arm. „Das sind sie!" sagte er mit heiserer Stimme. „Ich habe wirklich nicht erwartet, sie nochmals zu sehen. Das sind sie!"

SELTSAME GÄSTE

Danny Orlis starrte die beiden Fremden entgeistert an, als sie die Leiter heraufkletterten und über das Deck kamen. Sie wankten heran, ihre schweren Koffer fest umklammert und sich mühsam gegen das Rollen und Schlingern des Bootes stemmend.

„Das sind sie!" wiederholte Danny, und sein Gesicht verlor jede Farbe.

„Bist du — bist du sicher?" stotterte Bob.

„Ich weiß, daß sie es sind", fuhr Danny fort, und seine Stimme zitterte vor Erregung. „Ich bin ganz sicher! Ich würde sie überall erkennen!"

Die Fremden setzten sich direkt hinter die Kabine und begannen sofort miteinander zu sprechen. Sie lehnten sich dicht aneinander, und hin und wieder blickte einer der beiden auf und schaute nervös herum, als wolle er sich vergewissern, daß man ihnen nicht zuhören konnte. Der eine war groß und eckig gebaut, mit kurzgeschnittenem, schwarzem Haar; über die eine Wange zog sich eine Narbe, die ihm ein rauhes, hartgesottenes Aussehen verlieh. Der andere war kurz und dick, mit rundlicher Figur, dicken Lippen und einem Schopf ungebändigter, blonder Haare, die sich unter seinem Hut vordrängten.

„Sie sind aus den Wäldern, nicht wahr?" erkundigte sich Dick leise und blickte auf ihre schweren, kurzen Mäntel, die wollenen Hemden und die kurzschäftigen Stiefel.

Danny schüttelte den Kopf. „Nein", meinte er, „sie sind Großstädter, alle beide. Seht nur, wie sie von der

Sonne gebräunt sind. Kämen sie von hier oben, dann wären sie von Wind und Wetter gebräunt. Außerdem sind Kleidung und Hüte neu. Seht ihr hier sonst jemand mit neuer Ausstattung?"

„Ich glaube, du hast recht", stimmte Dick zu.

„Und schaut nur die Jagdmesser, die sie tragen", fing Danny von neuem an. „Wir tragen niemals ein Jagdmesser, außer — wir sind draußen in den Wäldern oder in einem kleinen Boot auf dem See. Diese Burschen glauben wohl, sie könnten alle zum Narren haben, aber das schaffen sie nicht."

„Was glaubst du, worüber sie sprechen?" rätselte Bob.

„Sie müssen wohl über den Schatz reden", flüsterte Dick, „nach der Art, wie sie sich die ganze Zeit über umschauen."

„Ich werde mich mal anpirschen und sehen, ob ich hören kann, was sie verhandeln", bekundete Bob und schob sich aus seinem Sitz. „Ich könnte in die Kabine hinübergehen und mich in die Nähe des offenen Fensters setzen, das ihnen am nächsten ist. Und wenn sie über den Schatz sprechen, kann ich sicherlich etwas darüber in Erfahrung bringen."

„Das ist eine prima Idee", lobte Dick. „Vielleicht lassen sie eine Andeutung darüber fallen, wo sie nachsehen wollen, oder wo sie die Karte versteckt haben."

Doch Danny schüttelte den Kopf. „Nein", erklärte er, „das können wir nicht machen. Wir wollen den Schatz ebenso dringend finden wie sie, aber es ist nicht ehrlich, herumzuspionieren und alles herauszufinden, was sie wissen, um ihnen dann zuvorzukommen."

„Aber sie haben eine Karte, nach der sie sich richten können, und wir haben nichts", protestierte Dick. „Wir haben nicht die geringste Idee, wo wir beginnen müssen.

Dieser Schatz kann überall vergraben sein."

„Das stimmt", gab Danny zu, „aber ich habe so eine Ahnung, wenn wir den richtigen Indianer finden, dann können wir eine Menge darüber in Erfahrung bringen und auch, wo er vielleicht vergraben liegt. Ihr wißt, daß sie viele solche Dinge von Generation zu Generation in Geschichten überliefert haben."

„Und in der Zwischenzeit finden die den Schatz und hauen damit ab", warf Dick ein.

„Du behauptest, es sei nicht ehrlich, sie zu belauschen", meldete sich Bob zu Wort. „Was ist denn daran unehrlich? Es ist nicht gegen das Gesetz, zuzuhören, wenn die Leute reden."

„Es ist nicht gegen das Gesetz, ihnen zuzuhören", erwiderte Danny gelassen, „aber ganz sicher ist es nicht christlich."

„Du redest so geschwollen", fuhr Bob fort. „Wie hast du denn selbst davon erfahren, wenn du nicht gehorcht hast?"

„Ich habe zufällig mit angehört, was sie sprachen."

„Wo ist da der Unterschied?"

„Nun, für mich ist das ein sehr großer Unterschied", belehrte ihn Danny.

Die Wellen gingen nun höher, und die stämmige ‚Bert Steele' hob und senkte sich mit jedem der langen, anrollenden Brecher. Bob stolperte dahin und klammerte sich an der Reling fest, bis er die gegenüberliegende Kabinentüre erreicht hatte. Die Männer waren so in ihr Gespräch vertieft, daß sie ihn nicht kommen hörten. Gerade als er die Reling losließ und auf die Kabinentüre zusteuerte, schlingerte die ‚Bert Steele' plötzlich und warf Bob aus dem Gleichgewicht. Er stolperte einige Schritte rückwärts und taumelte über den Koffer des Fremden, der in diesem

Moment über das Deck rutschte.

„Die Tasche!" schrie der Große aufgeregt und sprang über den Sitz, als der Koffer auf den See zuglitt. „Pack ihn! Pack ihn!"

Inzwischen hatte der Dicke es geschafft, über Bob, der auf dem Decksboden lag, hinwegzuklettern und sich den Koffer zu fassen, der bereits an der Kante des Bootes direkt über dem Wasser angelangt war.

„Ich hab' ihn", keuchte der Dicke, „ich hab' ihn."

„Wart', ich helf' dir, Cliff", rief der Große, griff hinunter und faßte seinen plumpen Gefährten am Arm.

Schweiß stand auf Cliffs Stirne — seine Stimme bebte: „Ich hab' schon geglaubt, er sei dahin, aber ich hab' ihn, ich hab' ihn." Dann wandte er sich zu Bob um, der eben wieder auf die Füße kam. „Was soll das heißen, hier bei uns herumzuschnüffeln?" Sein Gesicht überzog sich bei dieser Frage rot vor Ärger.

„Ich — ich wollte in die Kabine und ich — ich habe das Gleichgewicht verloren", entgegnete Bob lahm. „Es tut mir leid. Ich —"

„Ach, laß ihn, Cliff", warf der andere ein. „Wir haben immer noch *sie*. Darauf allein kommt's an."

„Ja, schon recht", brummte Cliff mürrisch, „aber wenn dieser Koffer ins Wasser geplumpst wäre, Freundchen, dann hätte ich dich direkt hintendrein geschickt."

Bob stolperte zu Dick und Danny zurück, während die beiden Männer den Koffer zu ihren Sitzen zurückbrachten und ihn zwischen sich auf das Deck stellten.

„Was war los, Bob?" fragte Dick aufgeregt.

„Mann, ich weiß es wirklich nicht", stotterte er, „aber was sie auch in diesem Koffer da haben, es muß für sie von großer Wichtigkeit sein."

Einige Augenblicke lang sahen die beiden Männer mit

beharrlichem Blick zu ihnen herüber.

„Wir sollten besser irgend etwas tun", schlug Danny flüsternd vor. „Wir können nicht einfach dasitzen und sie anstarren."

Er lief zum Ruderhaus hinauf und borgte sich Kapitän Andersons Fernglas. Sie untersuchten eingehend die Küste von Northwest Angle und hielten nach Anzeichen von Elchen oder Rotwild Ausschau. Erst nahm sich Bob das Glas, dann Dick, und schließlich wieder Bob. Hin und wieder reichten sie es Danny, damit er etwas für sie identifizieren konnte. Sie waren so eifrig bei der Sache, daß sie nicht bemerkten, wie der größere der beiden Fremden zu ihnen herantrat, bis er sie ansprach: „Irgendwas zu sehen, Jungs?"

Sie drehten sich überrascht um.

„N—nein", stammelte Bob. „Wir — wir haben nichts entdeckt."

„Wir wollten dich vorher nicht so erschrecken, mein Junge", fuhr er fort. „Mein Freund hat nur einfach für eine Minute den Kopf verloren." Trotz seines warmen Lächelns nahm Danny ein stahlhartes Glitzern in seinen Augen wahr.

„Schon recht", entgegnete Bob.

„Der Käptn erzählte mir, daß ihr da oben am American Point wohnt", redete der Mann weiter. „Könnt ihr mir sagen, ob euer Dad eine Hütte und ein Motorboot hat, die wir für einige Wochen mieten können?"

„Wollen Sie sagen, daß Sie da oben bleiben wollen, wo wir hingehen?" forschte Dick.

„Nun, da oben hat es doch gute Fischwasser, oder nicht?" erkundigte sich der Mann.

„Ja, sicher", warf Danny rasch ein. „Und ich glaube, mein Vater hat genügend Platz. Wir haben zur Zeit überhaupt keine Gäste."

„Fein. Der Käptn meinte zwar, wir könnten ruhig aufs Geratewohl aussteigen, aber ich hielt es für besser, euch zu fragen, um auf Nummer sicher zu gehen. Danke." Der Fremde ging wieder weg.

„Er schien doch ganz freundlich zu sein, nicht?" meinte Dick.

„Ja", antwortete Danny, „aber laßt euch nicht täuschen. Ich glaube, außer der Schatzsuche sind die auch noch auf was anderes aus, ich weiß nur noch nicht, um was es sich handeln könnte."

„Wie kommst du darauf?" fragte Bob.

„Nur so eine Ahnung."

Wegen des Gegenwindes lief das Boot mit einer halben Stunde Verspätung in Oak Island ein, doch den Rest der Fahrt legten sie im Inselbereich des Sees zurück, wo das Wasser ruhiger ist, und der Kapitän holte die Zeit wieder ein.

Mr. Orlis sah sich die Fremden gründlich an, als sie nach einer Hütte fragten. „Ich weiß nicht", meinte er, „wir haben nur noch zwei freie Hütten, und ich muß die Jungen in einer unterbringen."

„Das ist uns schon recht", entgegnete Cliff eifrig. „Die andere Hütte wäre prima."

„Ich weiß nicht, ob ich jetzt schon alle ganz besetzt haben möchte", erklärte Mr. Orlis. Danny stand atemlos dabei, während sein Vater die Sache überlegte. Er wußte, daß er versuchte, sich ein Bild von den Fremden zu machen.

„Wir wären wirklich sehr froh, wenn Sie uns für einige Zeit unterbringen könnten."

„Nun, für heute nacht dürfen Sie auf jeden Fall hierbleiben", lenkte Mr. Orlis ein.

Die drei Buben trugen ihr Gepäck in die Hütte hinaus und richteten sich dort ein, ehe die Glocke sie zum Abendessen hereinrief.

Am Tisch der Familie Orlis versammelte sich eine beachtliche Zahl von Menschen, — die Bootsmannschaft, die beiden Fremden, die Jungen, nicht zu reden von einer Anzahl Nachbarn, die vorbeigekommen waren, um ihre Post abzuholen. Als sie jedoch ihre Mahlzeit beendet hatten, schob Mr. Orlis seinen Stuhl zurück und langte nach der großen, abgegriffenen Bibel, die hinter ihm auf dem Tablar lag.

„Es ist hier unsere Gepflogenheit, jeden Morgen und Abend in der Bibel zu lesen und ein Gebet zu sprechen", begann er.

Eines mußte Danny von seinem Vater sagen — er war nach Meinung aller der mutigste Mann im Angle. Er fürchtete weder die Stürme auf dem Lake of the Woods noch die Kälte des Winters, er hatte auch keine Angst, sich zu verirren, wenn er die weiten, weglosen Gebiete des Angle durchstreifte. Und genausowenig hatte er Angst vor dem, was die Leute sagten, wenn er die Bibel las und betete. Das gehörte zu seinem Glauben, und dazu stand er.

An diesem Abend las er das dritte Kapitel des Johannesevangeliums, in dem berichtet wird, wie Nikodemus in der Nacht zu Jesus kam und ihn fragte, wie er errettet werden könne. Jesus antwortete ihm, er müsse von neuem geboren werden.

Für Bob, der noch nie viel von der Bibel gehört hatte, war es eine seltsam interessante Geschichte. Er konnte sich den großen, stattlichen Nikodemus gut vorstellen, wie er in der Dunkelheit die staubige Straße entlangging, um mit Jesus zu reden. Er konnte spüren, wie aufgewühlt Nikodemus gewesen sein mußte, als er seine Fragen stellte und versuchte, die Antworten zu verstehen. Doch obwohl er sich dafür interessierte wie zuvor nur für wenige Geschichten, war ihm unbehaglich zumute. Was würden diese Fremden und der Kapitän der ‚Bert Steele' denken? Was würden die großen, stämmigen Nachbarn denken? Er blickte von einem zum andern und stellte überrascht fest, daß sie alle zuhörten, als hätten sie ebenso Interesse daran wie er. Er versuchte, sich mit etwas anderem zu befassen, aber es gelang ihm nicht. Alles, was sein Onkel Carl da vorlas, zielte genau auf ihn selbst. Die Worte drangen wie mit Stacheln in sein Herz. Er war froh, als Bibellese und Gebet zu Ende waren und sie zu ihrer Hütte zurückgingen.

„Ich habe Vati ein wenig ausgehorcht", berichtete Danny, sobald alle drei in der Hütte waren. „Er meinte, seit Jahren seien immer wieder Burschen hier oben gewesen, um nach dem ‚Du Bois-Schatz' zu suchen."

„Hält er nichts davon?" wollte Dick wissen.

„O, er glaubt schon, daß etwas dran ist, aber seiner Meinung nach ist der Schatz so gut versteckt, daß ihn niemand findet. Er ist eine ständige Quelle des Gelächters für die Leute, die hier oben leben."

„Wahrscheinlich werden sie von neuem lachen, wenn wir ihn für sie finden", fügte Bob hinzu.

„Vati sagte, er sei heute morgen schon drauf und dran gewesen, die beiden Fremden wieder fortzuschicken. Aber er kam zu der Ansicht, daß sie wohl harmlos seien, wenn sie hinter dem Schatz her sind."

„Hast du die Namen von irgendwelchen Indianern erfahren, die wir aufsuchen können?" fragte Dick.

„O, die kannte ich schon", fuhr Danny fort. „Aber hört mal, ich gehe jetzt besser und frage Vati wegen eines Bootes oder Kanus für den Vormittag. Das habe ich ganz vergessen. Wollt ihr mitkommen?"

Als sie die Veranda des Haupthauses betraten, hörten sie eben Cliff zu Mr. Orlis sagen: „An der Tür der Hütte ist kein Schloß."

„Nun, ich habe an meinem eigenen Haus auch kein Schloß."

„Wir wollen aber eins für unsere Hütte. Haben Sie nicht ein starkes Vorhängeschloß mit einem Schließband? Wir werden das dann anbringen."

Bob wollte eben die Gittertüre öffnen, als Danny ihn am Arm berührte.

„Warum wollen Sie denn die Türe absperren?" fragte Mr. Orlis. „Niemand stiehlt hier herum etwas."

„Wir wollen nun mal ein Schloß haben, und wir werden auch die Fenster versperren."

BESUCH BEI RICK DONNERVOGEL

Am nächsten Morgen waren die Jungen aufgestanden, angezogen und draußen beim Landesteg neben der ‚Bert Steele', ehe noch ein anderer aus dem Bett war. Der gestern noch so rauhe Wind war zu einem Wispern abgeflaut, und der spiegelglatte Fluß glitzerte in der frühen Morgensonne. Von jenseits des Weges ertönte jubelndes Vogelgezwitscher, und als sie Ausschau hielten, sprang ein großer Fisch aus dem Wasser, um sich eine Fliege zu schnappen.

„Habt ihr das gesehen?" rief Dick aufgeregt. „Habt ihr diesen mächtigen Barsch gesehen?"

„Du wirst noch eine Menge Fische springen sehen, ehe der Sommer zu Ende ist", lachte Danny.

Dick preschte bis zum Ende des schmalen Landungssteges vor. „Mann, ich möchte am liebsten meine Angelrute holen und gleich mit Angeln anfangen."

„Wann du willst", meinte Danny.

„Wir werden nicht eher zum Angeln gehen, bis wir den Schatz gefunden haben", wandte Bob ein.

Danny hielt warnend den Finger an die Lippen. „Pscht", mahnte er leise. „Die Besatzung schläft auf dem Boot, und vielleicht sind schon einige wach."

„Okay", entgegnete Bob mürrisch. „Ich werde vorsichtig sein, weil ich nicht gewillt bin, etwas preiszugeben." In diesem Augenblick kam Mr. Smith, Dannys großer, grauer Kater, des Weges und rieb sich an seinen Beinen. „Komm, mein Kätzchen", rief er impulsiv, langte hinab und faßte die Katze um die Mitte. „Du wirst jetzt schwimmen gehen."

„Halt, laß das bleiben", schrie Danny. Doch Bob hatte die Katze bereits in das eiskalte Wasser des Flusses geworfen.

„Was soll das jetzt heißen, Bob?" rief Dick zornig, als Danny an ihnen vorbei zum Ende des Landesteges stürzte.

„Ich mag keine Katzen", meldete er laut lachend, „außer wenn sie schwimmen. Schau nur mal. Da, schau ihn an! So was Komisches habe ich noch nie gesehen."

„Das ist nicht komisch", fauchte Danny. Er hatte sich auf den Landesteg gekniet und streckte die Hände nach der Katze aus. „Komm, mein Alter", lockte er, „komm. Komm her zu mir. Ich laß nicht zu, daß er das noch einmal mit dir macht."

Als er die zitternde Katze in den Armen hielt, drehte er sich zu Bob um. Sein Gesicht war blaß und verzerrt, und sein Mund bildete eine dünne, harte Linie.

„Ich will dir etwas sagen, Bob", flüsterte er leise, so daß der in der Nähe stehende Dick ihn kaum hören konnte. „Du kannst mit mir jeden Spaß machen, der dir einfällt. Ich kann das ertragen. Aber meine Tiere läßt du in Ruhe. Ich habe dich schon einmal gewarnt, ein zweites Mal warne ich dich nicht. Verstanden?"

Von dem ernsten Blick aus Dannys blauen Augen wandte Bob sich schleunigst ab und schlurfte vom Landesteg fort.

Jack Crawford und Cliff Myers, die beiden Fremden, die am Vorabend mit der ‚Bert Steele' gekommen waren, saßen schon im Haus und warteten auf das Frühstück, als die Jungen ankamen. Danny nahm sie sorgfältig in Augenschein. Sie waren in schweres Wollzeug gekleidet; ihre Jagdmesser und das Angelgerät lagen auf der Veranda.

„Jawohl, Sir, wir sind auf einen fetten Burschen aus", meinte der große, schlanke Jack. „Und ich wette mit dir einen Dollar gegen einen Zehner, Danny, daß wir einen größeren Fisch an den Haken kriegen als du."

Danny grinste ihn an. „Ich wette nicht", erklärte er, „aber wenn's ans Angeln geht, habe ich im allgemeinen genauso viel Glück wie jeder andere."

Als sie sich an den Frühstückstisch setzten, beobachtete Danny die beiden Männer weiter so beiläufig. Sie waren an diesem Morgen irgendwie anders, aber er konnte nicht feststellen, woran das lag.

Nachdem sie ihr Frühstück aus dampfenden Pfannkuchen mit goldbraunem Sirup und Hafermehl in Sahne, die so dick war, daß sie am Löffel klebte, beendet hatten, holte Mr. Orlis seine Bibel und begann wieder zu lesen.

„Was machst du eigentlich, Danny?" flüsterte Bob, als sie ihre Stühle vom Tisch zurückschoben, „liest du auch die ganze Zeit in der Bibel?"

„Nicht die ganze Zeit, aber jedenfalls nach dem Frühstück und dem Abendessen", antwortete Danny.

Die Jungen erledigten Dannys häusliche Pflichten in Rekordzeit. Dann füllten sie den Außenbordmotor mit Benzin und schoben das Boot in den Fluß hinaus.

„Nun, wohin fahren wir zuerst?" erkundigte sich Bob.

„Ich glaube, am besten steuern wir zu Rick Donnervogel hinüber", erläuterte Danny. „Er lebt nicht weit von hier weg, und ich glaube, daß er vielleicht in der Lage ist, uns einiges über die Karte oder den Schatz mitzuteilen."

„Könnten wir unterwegs nicht noch angeln?" wollte Dick wissen.

„Nein", entgegnete Bob. „Wir werden nicht angeln. Wir werden uns solange auf die Spur des Schatzes setzen, bis wir ihn haben."

„Okay, aber mich juckt es einfach, so einen Fisch an die Angel zu kriegen."

Danny brachte den Außenbordmotor auf volle Geschwindigkeit, und das leichte Aluminiumboot pflügte durch das Wasser. Er verließ die breite Flußmündung und wandte sich nach Nordosten. Geschickt steuerte er das Boot durch die Inseln hindurch, die wie Marmeln im Wasser verstreut lagen. Sie hielten auf die kanadische Seite des Lake of the Woods zu.

„Mann, hast du nicht Angst, dich hier oben zu verirren?" staunte Dick, als Danny eine scharfe Rechtskurve fuhr und sich gleich darauf nach links wandte, um einen kleinen Zipfel Land zu umfahren, der in das Wasser hinausragte.

„Ich habe mich ein paarmal verirrt", gab Danny zu, „aber jetzt verliere ich den Weg nicht."

Die Zwillinge blickten sich eifrig um. „Nun, wie gefällt's dir, Bob?" wollte Dick wissen.

„Sie beten mir zu viel", entgegnete er.

Eine Stunde oder mehr wanden sie sich zwischen den Inseln durch, bis Danny schließlich den dreieckigen Streifen Land erreichte, wo Rick Donnervogel an der Mündung der Monument Bay seine Hütte hatte.

„Da sind wir", meldete Danny und drosselte die Geschwindigkeit. Als sie anlegten und aus dem Boot kletterten, fuhr er fort: „Ich glaube, es ist besser, wenn ihr mich mit ihm reden laßt. Mich kennt er ein bißchen, und vielleicht kann ich etwas von ihm erfahren. Er ist ein seltsamer, alter Bursche und scheint Fremde nicht allzu gern zu haben."

Der alte Indianer saß in seiner Hütte neben dem Feuer, als Danny an die Türe klopfte. Er knurrte ihnen etwas zu, worauf sie eintraten.

„Erinnern Sie sich an mich, Mr. Thunderbird?" fragte Danny freundlich.

Der Indianer nickte feierlich.

„Wir sind herübergekommen in der Hoffnung, daß Sie uns vielleicht helfen können", begann Danny.

Rick Donnervogel streckte die Hand aus und schob einen neuen Stecken Holz in seinen Kanonenofen.

„Können Sie uns irgend etwas über den ‚Du Bois-Schatz' erzählen, der irgendwo hier oben vergraben sein soll?"

„Es geschah vor langer Zeit", meinte Rick brummig, „vor langer, langer Zeit."

„Ja, ich weiß, aber hat Du Bois nicht eine Karte oder irgendwelche Hinweise hinterlassen, wo er diesen vergraben hat?"

Der Indianer langte bedächtig vor und stocherte methodisch im Feuer.

„Ich weiß, daß Ihre Leute manchmal solche Geschichten von den Eltern auf die Kinder weitergeben und daß Sie davon wissen, wenn diese Geschichte ebenfalls auf diese Weise weitererzählt wurde."

Rick schüttelte den Kopf. „Es war vor langer, langer Zeit", murmelte er.

Obwohl Danny es noch mehrmals versuchte, konnte er aus dem betagten Chippewa nichts weiteres herausbringen. Schließlich stand er auf, schüttelte Rick die Hand und verabschiedete sich.

„Nun, was hast du herausbekommen?" erkundigte sich Dick, als sie zum Boot hinuntereilten. „Wir konnten kein einziges Wort von ihm verstehen."

„Nein", knurrte Bob ärgerlich, „und dabei weiß das alte Fossil eine Menge darüber. Das konnte man an seinen Augen sehen."

„Wenn du irgendwas über ihn sagen kannst, nur indem

du ihn anschaust, dann bist du besser dran als ich", bemerkte Danny. „Ich könnte nicht sagen, ob er etwas weiß oder nicht."

Sie stiegen ins Boot und fuhren quer über die Monument Bay. „Ich bin enttäuscht", fuhr er fort, „ich hielt den alten Rick für unseren besten Trumpf."

„Wenn er das ist, dann haben wir wohl kaum eine Chance, von den Indianern irgend etwas zu erfahren", raunte Bob säuerlich.

„Ich dachte, er würde uns das mitteilen, was er wußte, weil er und Vati recht gute Freunde sind. Vati versucht, seit zwei oder drei Jahren mit ihm in geistliche Verbindung zu kommen."

„Was willst du damit sagen, daß dein Dad versucht, mit ihm in geistliche Verbindung zu kommen?" forschte Dick.

„Er spricht mit ihm über seine Seele."

„Ich begreife immer noch nicht", gestand Dick.

„Nun, es ist doch so", fing Danny an und drosselte den Motor, damit er das Geräusch nicht überschreien mußte. „Wir — du und ich und Bob und Rick — und letzten Endes jeder Mensch in der Welt wird mit einer sündigen Natur in diese Welt geboren. Die Bibel lehrt uns, daß keiner rechtschaffen ist, auch nicht einer, daß keiner Gott sucht und daß wir alle wie die Schafe in die Irre gehen."

„Aber was hat das mit Rick Donnervogel zu tun?" wunderte sich Bob.

„Es hat eine Menge mit Rick zu tun", sprach Danny weiter, „so wie es eine Menge mit jedem von uns zu tun hat, und zwar deshalb, weil die Bibel uns sagt, daß der Lohn der Sünde der Tod ist. Da wir alle verlorene und von Gott getrennte Sünder sind und der Lohn der Sünde der Tod ist, ergibt sich, daß wir alle den Tod verdient haben. Klar?"

„Ich — ich glaube, du hast recht", meinte Dick nachdenklich.

„Können wir nicht von etwas anderem reden?" bat Bob eindringlich.

Danny ging nicht auf seinen Einwurf ein, als er weitersprach. „Wenn Gott es bei diesem Stand belassen hätte, dann gäbe es für niemand in der Welt eine Hoffnung. Aber Er tat das nicht. Er hat Seinen Sohn, Jesus Christus, in die Welt geschickt, um die Sünden all derer auf sich zu nehmen, die ihr Vertrauen in Ihn setzen. Es ist so, wie Vati gestern abend vorgelesen hat: ‚So sehr hat Gott die Welt geliebt, daß Er Seinen einzigen Sohn dahingab, damit alle, die an Ihn glauben, nicht verlorengehen, sondern das ewige Leben haben'."

Eine lange, gespannte Stille herrschte. Bob starrte seine Füße an, und Dick blickte über das Wasser. „Ich — ich habe nie in meinem Leben etwas Derartiges gehört", stotterte schließlich der größere der Zwillinge.

„Deshalb bekümmert sich Vati um Rick. Und deshalb bekümmere ich mich um euch."

„Nun, um mich brauchst du dich nicht zu sorgen", entgegnete Bob grob, „ich komme allein recht gut zurecht."

In diesem Augenblick entdeckte Dick ein halb mit Wasser vollgelaufenes Kanu, das ans Ufer einer kleinen Insel gespült worden war.

„Schau mal!" rief er ganz verblüfft.

„Mensch, das ist ein prima Kanu", lobte Bob. „Kommt, wir holen es uns."

Danny wendete das Boot scharf und fuhr zurück. „Das ist doch das Kanu vom alten Rick", meinte er. „Ich würde es überall erkennen."

„Das spielt keine Rolle. Es ist abgetrieben worden. Es gehört dem, der es findet."

„O nein", wies ihn Danny zurecht, stoppte den Motor und brachte das Boot neben dem Kanu ans Ufer. „Es gehört Rick. Wir müssen es ihm zurückbringen."

„Es ihm zurückbringen?" wiederholte Bob. „Nach der Art, wie er uns behandelt hat? So was hab' ich wirklich noch nicht gehört."

Dick und Danny schöpften eifrig das Wasser aus dem Kanu und befestigten es mit einem leichten Seil am Heck des Motorbootes, während Bob einfach schmollend sitzenblieb.

Der alte Rick hatte wenig mit ihnen gesprochen, als sie das erste Mal bei ihm waren. Er sprach nicht viel mehr, als sie das zweite Mal auftauchten.

„Ich wußte nicht, daß es weg war", murmelte er. „Muß gestern nachmittag bei dem Sturm weggetrieben sein."

Als sie das Häuschen des alten Indianers verließen, wandte sich Bob von neuem an Danny. „Das ist also der Dank, den wir von ihm bekamen", erklärte er scharf. „Wir hätten das Kanu draußen lassen sollen, anstatt es hierher zu schleppen."

Sie verzehrten im Boot ihr Mittagsmahl und besuchten am Nachmittag drei weitere Indianer. Zwei von ihnen sprachen offen, wußten jedoch nichts, und der dritte war wie Rick Donnervogel. Falls er etwas wußte, dann sagte er es nicht.

Als die Jungen schließlich nach American Point zurückkehrten, hatte Dannys Mutter sich schon langsam Sorgen um sie gemacht. „Ich bin so froh, daß du hier bist, Danny", meinte sie. „Wenn nun noch dein Vater und diese zwei Fremden heimkämen, dann wäre mir wieder wohler."

„Sind sie denn nicht zurück?" fragte Danny voller Verwunderung.

Sie schüttelte den Kopf. „Sie gingen kurz nach euch fort und sollten zum Dinner zurück sein.''

Danny blickte erst Dick und dann Bob an. Das sah nicht gut aus, ganz und gar nicht.

BOB SCHWÄNZT DIE KIRCHE

Sobald die drei Buben allein in ihrer Hütte waren, meinte Dick: „Ich hätte nicht gedacht, daß dein Dad und die Fremden noch nicht zurück sind, bis deine Mutter anfing, sich Sorgen zu machen, Danny. Was hältst du davon?"

Danny ging zur Schlafkoje hinüber und setzte sich. „Ich weiß nicht, was ich denken soll. Ich glaube nicht, daß sein Fortbleiben Anlaß zur Sorge gibt. Ich bin mit Vati draußen gewesen, wenn er sagte, wir würden nur wenige Stunden weg sein, und dann trieben wir uns den ganzen Tag draußen herum."

„Ja", warf Bob ein, „aber ihr habt nicht ein paar Burschen wie Jack und Cliff dabeigehabt. Nun, sie könnten ihm eins mit dem Hammer über den Schädel hauen und ihn in den See werfen, und niemand würde etwas davon wissen."

„So ungefähr hab' ich mir's auch vorgestellt", fügte Dick hinzu. „Meinst du nicht, wir sollten losziehen und versuchen, sie zu finden?"

Danny stand auf, schritt gedankenversunken zum Fenster hinüber und sah hinaus. Die Sonne verschwand hinter dem Wald, und die Schatten krochen über den Pine Creek.

„Glaubst du, wir könnten sie finden, wenn wir losziehen?" fragte Bob aufgeregt. „Oder sonst irgendwas unternehmen, falls wir sie finden?"

Danny drehte sich langsam um. Dick und Bob sahen ihm zu, wie er zum Tisch ging und sein Neues Testament ergriff. „Ich glaube, das erste, was zu tun ist, ist das Gebet", erklärte er bedächtig. „Die Bibel lehrt uns, daß wir uns zuerst an Jesus wenden sollen, wenn wir Probleme und Schwierigkeiten haben."

Dick und Bob schauten einander an und wußten nicht, was sie sagen sollten.

„Du meinst, daß Gott dein Gebet beantworten wird?" fragte Dick. „So — daß, wenn du betest, Gott deinen Dad wohlbehalten nach Hause bringt?"

„Ja, wenn es Sein Wille ist", erwiderte Danny.

In der folgenden Stille konnte man in der Ferne ein leises, gleichmäßiges Brummen vernehmen. „Hört mal!" rief Dick plötzlich. Zuerst war es so schwach, daß er sich nicht einmal sicher war, ob er es auch wahrnahm. Doch als sie horchten, wurde das Geräusch immer lauter.

„Es ist ein Motor!"

„Und er hört sich an wie Vatis neuer Lawson!" bestätigte Danny.

„Bist du — bist du sicher?" stammelte Dick.

„Absolut. Es gibt keinen anderen Motor auf dieser Seite des Sees, der sich so anhört."

„Das war aber eine schnelle Antwort auf dieses Gebet", bemerkte Bob spöttisch.

„Ja", entgegnete Danny mit einer so ernsten Stimme, daß das Lächeln aus dem rundlichen Bubengesicht verschwand. „Manchmal antwortet Gott auf unser Gebet, ehe wir es überhaupt in Worte fassen können. Ich glaube, ich habe in meinem Herzen gebetet, seit wir mit Mutti sprachen und sie uns von ihrer Sorge berichtete."

Während sie noch dastanden und horchten, wurde das Motorengeräusch zunehmend stärker, bis schließlich der dunkle Umriß des Bootes zu sehen war. Ein paar Minuten später kamen die Männer lachend und laut schwatzend daher.

„Kommt“, forderte Danny seine zwei Kameraden auf, „wir wollen ins Haus gehen. Ich möchte hören, was sie zu berichten haben.“

„Meiner Lebtag habe ich keinen solchen Fischzug erlebt“, erzählte Jack eben, als die Jungen in das Wohnzimmer traten und sich setzten. „Aber besonders gefiel mir, daß wir Gelegenheit hatten, uns genau die Insel anzuschauen, auf der das alte Fort Charles stand.“

„Mir auch“, bekräftigte der dicke Cliff Myers, „mir auch.“

„Wir sahen, wo die Palisaden standen und die Hütten und Vorratshäuser und der Exerzierplatz. Und morgen werden wir einen Blick auf den Friedhof werfen, nicht wahr, Carl?“

„Morgen ist Sonntag, Jack“, entgegnete Dannys Vater langsam. „Ich habe es mir zur Devise gemacht, am Sonntag niemals zu arbeiten.“

„Aber wir bezahlen Sie dafür“, brauste Cliff auf, „und wir bezahlen Sie gut.“

„Darum geht's nicht“, fuhr Mr. Orlis fort. „Der Sonntag ist der Tag des Herrn, den wir heiligen sollen.“

„Hm“, brummte Cliff unzufrieden. Jack Crawford aber sprach schnell von etwas anderem.

Ein wenig später, als Mutter Orlis den Nachtisch auftrug, begann Bob unbehaglich hin- und herzurutschen. In wenigen Minuten würde Dannys Vater wieder aus der Bibel vorlesen, und diese Worte drangen jedes Mal wie Dolche in sein Herz; hin und wieder würde Danny mit seinen klaren, blauen Augen zu ihm herüberschauen, die in die Tiefen seiner Seele zu dringen schienen und dort alle Sünden und alle Missetaten wahrnahmen. Aber das war noch gar nichts im Vergleich zum Gebet. Denn beim Beten wurde er am meisten gepackt, und es waren vor allem die fröhlichen Dankgebete für die vom Herrn geschenkte Gerechtigkeit und für das Blut Jesu Christi, das von aller Sünde rein macht, die in ihm das verzweifelte Verlangen weckten, das Gewicht seiner eigenen Sünden loszuwerden. Aber auch die Gebete um die Verlorenen zerrten an ihm, bis er verzweifelt darum kämpfte, nicht nachzugeben. Er blickte verstohlen zu Jack und Cliff hinüber. Was würden sie denken, wenn er plötzlich den Kopf verlor und sein Bedürfnis nach Erlösung vor ihnen allen hinausschrie? Nein, das konnte er einfach nicht riskieren.

Kaum hatte er den letzten Bissen seines Obstkuchens hinuntergeschluckt, entschuldigte er sich und lief hinaus. Er konnte Dannys Blick spüren, als er durch das Zimmer schritt und zur Vordertüre hinausspazierte. Er hatte eigentlich erwartet, daß man ihn zurückhalten oder auffordern würde, dazubleiben, bis die Andacht vorbei wäre. Aber nichts dergleichen geschah. Fast war er etwas enttäuscht, als er auf die Veranda hinaustrat.

Kurz darauf stand Cliff Myers auf und stolzierte — ohne ein Wort zu verlieren — geräuschvoll zur Türe.

„Ich kann das Zeug nicht ertragen", bemerkte er laut, als er draußen war. „Diese Familie ist schon in Ordnung, bis auf das viele Bibellesen und Beten. Ich verstehe nicht, wie sie sich so viel mit Religion abgeben."

„Ich auch nicht", warf Bob ein.

„Wo seid ihr denn heute gewesen?" fragte der stämmige Fremde beiläufig, als er sich wenige Schritte von der Veranda entfernt an den Stamm einer mächtigen Eiche lehnte.

„O, einfach so in der Gegend herum", erwiderte Bob vage.

„Wir werden morgen oder übermorgen mit Graben anfangen", stellte der Fremde in nüchternem Ton fest.

„Wirklich?" stotterte Bob, und sein Herz klopfte ihm bis zum Hals.

„Ja, Jack glaubt, daß er im Gebiet des alten Fort Charles einige gute Funde wird bergen können."

„Aber — aber woher wissen Sie, daß Sie solche dort finden werden?" wollte Bob wissen.

„O, wir werden dort schon fündig werden", fuhr Cliff fort. „Unser Führer hat uns genau gezeigt, wo es lag, und wir haben es auf der Karte nachgeprüft."

„Wirklich?"

„Die Universität möchte einige Überreste von Fort Charles und der alten Hudson-Bay-Stadt von Angle Inlet erhalten", erklärte Cliff. „So sind Jack und ich hier heraufgekommen, um festzustellen, was wir während der Sommerferien finden können."

„Also deshalb sind Sie hier oben?" staunte Bob.

„Sicher", meinte er und grinste Bob an. „Was habt ihr denn gedacht?"

Als die Jungen an diesem Abend wieder in ihrer Hütte saßen, berichtete Bob den beiden anderen, was Cliff ihm gesagt hatte.

„Sie können mir nicht erzählen, daß sie deswegen hierher gekommen sind", entgegnete Danny.

„Mir auch nicht", stimmte Dick zu. „Ich glaube, daß sie an der Stelle des alten Fort Charles oder vielleicht auch der Hudson-Bay-Stadt den Schatz vermuten. Sie verzapfen dieses Zeug über die Universität nur, um ihre wahren Absichten zu verbergen."

„Ich wette, daß du recht hast, Dick", meinte Bob, aber Danny war da nicht so sicher.

„Es könnte sein", fuhr er fort, „... aber ich kann mir nicht helfen; ich glaube immer, daß da noch mehr dahintersteckt als nur die Schatzsuche. Mag schon sein, daß der

Schatz etwas damit zu tun hat, aber ich bin einfach sicher, daß das Ganze noch eine größere Sache ist."

Am nächsten Morgen fuhren Dick und Bob mit dem Boot mit Danny und seiner Familie zum Gottesdienst im Schulhaus. Bob verspürte keine allzugroße Sehnsucht danach, und er war als letzter angezogen und am Boot.

„Glaubst du, Cliff und Jack möchten mit uns kommen, Vati?" erkundigte sich Danny.

„Du könntest gehen und sie fragen", meinte sein Vater, „wir werden auf dich warten."

Im Nu war er wieder zurück. „Sie haben erklärt, daß sie dieses Mal hierbleiben, aber dann vielleicht in der nächsten Woche mitkommen würden."

Als sie aus dem Boot stiegen und sich auf den Weg zum Schulhaus machten, blieb Danny ein wenig zurück. „Wißt ihr, was Jack tat, als ich zur Hüttentüre kam?" fragte er mit gespanntem Flüstern.

Dick und Bob schüttelten den Kopf.

„Ich konnte ihn durch das Fenster sehen. Er hatte eine seltsame Vorrichtung, etwa zweimal so groß wie ein Ofendeckel und ebenso flach, mit einem langen Griff dran."

„Was war es?" fragte Bob aufgeregt.

„Ich weiß nicht", antwortete Danny, „aber er fuhr herum wie angeschossen, als ich an die Türe klopfte."

Bob mochte Dannys Lehrer auf Anhieb, obwohl er sich dagegen stemmte. Es war ein großer, grauhaariger Trapper, der in einem Kampf mit bloßen Händen gegen einen verletzten Bären ein Auge verloren hatte.

Bob hatte nie zuvor eine solche Sonntagsschulklasse erlebt. Einer der Jungen sprach das Gebet, ein anderer die Schriftlesung, und dann stellten alle abwechselnd Fragen und gaben Antwort. Der Lehrer sprach nicht allzuviel, doch wenn er etwas sagte, dann bedeutete es wirklich etwas.

„Ihr wißt, manche Jungen glauben, sie seien schlau in den Dingen, die die Welt tut", erklärte er in einer Zusammenfassung der Lektion. „Sie halten sich wirklich für jemanden, wenn sie sich eine Zigarette in den Mund stecken oder Lügen oder schmutzige Geschichten erzählen. Aber ihr wißt, daß das schließlich jeder kann. Man kann auch einem Affen beibringen, sich eine Zigarette ins Maul zu stecken. Mut und wirkliche Charakterstärke zeigen sich erst darin, daß man in der Lage ist zu sagen: ‚Nein, ich habe Jesus Christus als persönlichen Erlöser angenommen, und ein echter, wiedergeborener Christ braucht solche Dinge gar nicht mehr zu tun'!"

Bob schaute aus dem Fenster. Warum traf ihn eigentlich alles, was da gesagt wurde, wo er auch hinging, mitten ins Herz und zerrte daran? Er mußte hier raus, sonst würde er sich noch selbst zum Narren machen.

Sobald die Sonntagsschule zu Ende war, wandte sich Bob an Danny: „Gibt es eigentlich einen Weg zurück zu eurem Haus ohne das Boot?"

„Sicher, wir gehen den ganzen Weg durch die Wälder zur Schule", meinte Danny. „Der Pfad dort drüben führt direkt zu unserem Haus." Er deutete auf einen engen, gewundenen Pfad durch die Bäume hindurch.

„Wie weit ist es?"

„Ungefähr eineinhalb Meilen. Warum?"

„Ich werde mir heute nicht noch so einen Gottesdienst anhören", erklärte Bob kurz. „Ich sehe euch dann, wenn ihr zurückkommt." Damit lief er aus dem Schulhaus weg und zum Waldpfad hinüber. Danny rief ihm nach, aber er hielt nicht an.

Bob rannte vielleicht hundert Meter den Pfad entlang, der sich durch die Bäume wand, ehe er zurückschaute. Im Wald herrschte Dunkelheit. Es war so düster, daß es Bob schien, als sei die Sonne plötzlich untergegangen und nur die schwache Dämmerung des Waldes zurückgeblieben. Zudem war es totenstill. Bob konnte seinen eigenen, heftigen Atem und das Pochen seines Herzens hören. Er blickte sich rasch um, als befürchte er plötzlich, irgendein wildes Tier werde sich auf ihn stürzen. Aber es war nichts. Nicht einmal ein Kaninchen oder ein Eichhörnchen ließen sich sehen. Es gab doch nichts in den Wäldern, was Angst einflößen konnte; das mußte nur so ein momentaner Einfall sein. Die Wälder waren so sicher wie die Straßen in Minneapolis – vielleicht sogar noch sicherer.

Bob begann sich besser zu fühlen, als er ausschritt. Das machte ihm Spaß – eine Menge mehr Spaß als der Gottesdienst dahinten. Aber plötzlich hielt er an. Er riß die Augen weit auf und vergaß, den Mund zu schließen. Auf dem Weg vor ihm stand ein riesiger Elch!

Schweißtropfen traten ihm auf die Stirne, und er begann zu zittern. Er versuchte sich zu bewegen, umzudrehen und zu fliehen, ehe das Ungetüm ihn erspäht hatte, doch umsonst. Er stand da, als habe er Wurzeln geschlagen wie die Bäume rings umher, Wurzeln, die ihn festhielten und nicht loslassen wollten. Der Elch, der Bob etwa zur gleichen Zeit gewittert hatte, als er in Bobs Blickfeld geriet, hielt den Kopf hoch. Sein riesiges Geweih ragte in die Äste der Bäume hinein, sein ganzer Körper war gespannt und zitterte. Bob versuchte, um Hilfe zu rufen, nach Danny oder Dick oder sonst jemandem zu schreien, aber jeder Laut blieb ihm im Hals stecken.

RICK ERWIDERT DEN BESUCH

Bob Lance stand wie angewurzelt. Der große, plumpe Elch stand mit erhobenem Kopf, bebenden Nüstern und starr auf den Jungen gehefteten Augen in vielleicht drei Meter Entfernung. Plötzlich fand Bob Stimme und Beine wieder. Er stieß einen langen, durchdringenden Schrei aus, drehte um und raste in höchster Geschwindigkeit den engen, gewundenen Pfad zurück. Jeden Augenblick erwartete er das Stampfen der Hufe hinter sich zu hören, den heißen Atem des Elchs in seinem Nacken zu spüren und die schweren Geweihschaufeln in seinem Rücken. Er rannte und rannte, rutschte aus und fiel über eine abgestorbene Birke; doch sofort rappelte er sich auf und floh weiter. Er war viel zu erschrocken, um zu hören, wie der große Elch voller Schrecken schnaubte und in umgekehrter Richtung durch die Wälder setzte. Obwohl Bob lief, daß ihm fast die Lungen platzten, hielt er nicht inne, bis er die kleine Lichtung mit dem Schulhaus erreicht hatte.

Einige Minuten lang blieb er draußen auf der Veranda stehen, in heftigen Stößen atmend. Auf seiner Stirne stand Schweiß, seine Hände waren zerschunden und bluteten. Er ging zum See hinunter, wusch sich, so gut es ging, kehrte dann zum Schulhaus zurück und setzte sich drinnen neben die Türe. Der Prediger, einer der in der Nähe lebenden Siedler, hatte eben zu sprechen begonnen.

Nach dem Ende des Gottesdienstes, als alle nach draußen gegangen waren, kam Danny zu ihm herüber und meinte: „Nun, Bob, ich dachte, du seist heimgegangen."

„Nein", entgegnete Bob. Seine Wangen bekamen wieder Farbe. „Ich hab' mir's anders überlegt."

Als das leichte Aluminiumboot in den Flußlauf einbog, an dem sie wohnten, bemerkte Danny ein Kanu, das auf das Ufer hochgezogen war.

„Seht mal, wir haben Gesellschaft bekommen."

„Ich glaube wirklich", rief Bob und deutete auf eine große, dunkle Gestalt, die auf dem Landesteg stand. „Es ist der alte Indianer, den wir besucht haben. Es ist der alte Donnervogel in eigener Person."

„Er ist es, in der Tat", meinte Dannys Vater. „Der alte Rick war seit Monaten nicht mehr hier. Ich möchte bloß wissen, was ihn heute hierhergeführt hat."

„Ich möchte den Jungen sehen", erklärte Rick Donnervogel, als Mr. Orlis anhielt, um mit ihm zu sprechen.

„Meinen Sie Danny?"

„Ihn meine ich", sagte der Indianer und deutete auf Danny, „ich möchte mit ihm reden."

„Aber sicher. Danny!" rief Mr. Orlis. „Komm mal rüber, Rick Donnervogel möchte mit dir sprechen."

„Irgendwo, wo die Wände keine Ohren haben", erklärte der alte Indianer nachdrücklich.

„Dann gehen wir zu unserer Hütte", schlug Danny vor.

Danny, Donnervogel, Dick und Bob marschierten im Gänsemarsch zu der Blockhütte, in der sie schliefen. Als sie die Türe geschlossen hatten, meinte der alte Indianer: „Ihr habt mir mein Kanu zurückgebracht."

„Ganz recht", erwiderte Danny. „Als wir es fanden, war es an einer anderen Insel angespült worden, und wir dachten uns, daß es sich in einem Sturm bei Ihnen losgerissen hatte."

„Ich wußte, daß wir das Kanu nicht hätten zurückbringen sollen", flüsterte Bob leise Dick zu. „Nun haben wir den Salat."

„Rick wäre ohne sein Kanu vielleicht verhungert", fuhr der alte Indianer fort, wobei er von sich selbst wie von einem anderen sprach. „Niemand schaut je bei ihm vorbei, und es dauert Monate, bis der See zugefroren ist."

„Wir wußten, daß Sie ohne Ihr Kanu nicht existieren können", erklärte Danny.

Rick nickte feierlich. „Ihr habt Ricks Kanu zurückgebracht, nachdem er euch ohne Antwort auf eure Fragen fortgeschickt hat. Das ist nicht die Art des weißen Mannes — und auch nicht der Indianer."

„Es ist die Art der Christen, Mr. Thunderbird", entgegnete Danny. „Die Bibel lehrt uns, daß wir anderen das tun sollen, was wir möchten, daß sie uns tun."

„Dein Vater, er mit mir über Christsein sprechen. Er sagt, wie es einen Menschen so macht, daß er seine Nächsten liebt, daß es ihn gut und freundlich macht, daß er sauber und ehrlich lebt. Aber ich das bei niemand sehen wie bei deinem Vater. Ich glaube, vielleicht nichts für mich." Donnervogel setzte sich auf die Kante der Schlafkoje, die Bob am nächsten stand, und bewegte nervös seine langen, knorrigen Finger. „Aber du bringst mein Kanu zurück. Das ist erste Freundlichkeit, die jemand außer deinem Vater für Rick tut." Er stand auf und humpelte zu dem Stuhl neben dem Fenster hinüber. „Ganze Nacht konnte nicht schlafen, Junge. Ich denke über das nach, was du für armen, alten Indianer getan hast. Ich denke über diesen Jesus nach, weil ich weiß, daß Er dich dazu gebracht hat, das zu tun. Ich möchte diesen Jesus kennenlernen, der dich so freundlich macht."

Bob starrte den alten Donnervogel an, als könne er kaum glauben, was er gehört hatte. Da war ein alter, hart und bitter gewordener Indianer, der in früheren Tagen Häuptling gewesen war — ein Indianerhäuptling, der gegen die Weißen gekämpft und sich allen Versuchen widersetzt hatte, in ein Reservat abgeschoben zu werden, ein Häuptling, der lieber Unbilden, Hunger und Kälte auf sich genommen hatte, als sich dem Willen des weißen Mannes zu beugen. Und doch sprach er davon, daß er Jesus Christus als seinen Erlöser brauchte. Das war genug, um Bobs Herz wie mit Klauen zu zerreißen.

„Nun", erklärte Danny und griff nach seinem Neuen Testament, „die Bibel lehrt uns, daß wir zuallererst erkennen müssen, daß wir Sünder sind und einen Erlöser brauchen."

„Sünder?" fragte Rick. „Was soll das heißen?"

Dick ging still zum Bett hinüber und setzte sich hin, während Danny das dritte Kapitel des Römerbriefes aufschlug. „Die Bibel erklärt das viel besser, als ich es kann", meinte er. „Hier im zehnten Vers des dritten Kapitels heißt es: ‚Da ist keiner, der gerecht ist, auch nicht einer'. Und im dreiundzwanzigsten Vers steht: ‚Alle haben gesündigt und die Herrlichkeit verloren, die Gott ihnen zugedacht hatte'." Danny hielt einen Augenblick inne und suchte nach Worten. „Das bedeutet, daß jeder — Sie und ich und Dick und Bob hier — gesündigt haben. Wir alle haben Dinge getan, die wir nicht hätten tun sollen, Dinge, von denen wir wissen, daß sie unrecht sind, und doch gehen wir einfach hin und tun sie. Ich glaube, die einzige Erklärung ist, daß wir von Natur aus böse sind."

Rick nickte ernsthaft. „Einer, der sein ganzes Leben der Sünde gefrönt hat, weiß wohl, daß sein Herz böse ist." Rick Donnervogels Augen waren klar und seine Stimme fest, doch der ernste Ausdruck in seinem Gesicht ließ Danny erkennen, daß er über das nachdachte, was er getan hatte und was in den Augen Gottes und der Menschen sündhaft war.

„Wenn Gott es einfach dabei belassen hätte", fuhr Danny fort, „dann gäbe es für keinen von uns eine Hoffnung. Aber das tat Er nicht. In Seinem Sohn gab Er sich selbst dahin für unsere Sünde." Der blonde Junge wandte sich wieder seinem Neuen Testament zu. „,So sehr hat Gott die Welt geliebt, daß Er Seinen einzigen Sohn dahingab, damit alle, die an Ihn glauben, nicht verlorengehen, sondern das ewige Leben haben'."

„Gab sich selbst?" fragte Rick deutlich. „Wie gab Er sich selbst?"

„Die Bibel berichtet uns, daß Christus für unsere Sünden nach der Schrift starb, daß Er begraben wurde und daß Er am dritten Tage wieder auferstand nach der Schrift", erläuterte Danny. „Das ist der Weg, wie Jesus sich selbst für uns gab, damit wir das ewige Leben haben, wenn wir unser Vertrauen auf Ihn setzen. Letzteres heißt natürlich auch, daß wir künftig bereit sind, nach dem Willen des Herrn, den Er in der Bibel geoffenbart hat, zu handeln und zu leben."

„Gott schickte Seinen Sohn für mich?" wiederholte der alte Indianer langsam, „für den alten Rick Donnervogel?"

„Ganz richtig."

Eine lange, schmerzliche Stille breitete sich aus. Einoder zweimal setzte Danny zum Sprechen an, ließ es aber bleiben. Er wartete, bis Rick leise sagte: „Ich — ich — weiß nicht, wie man betet."

„Das müssen Sie auch nicht wissen", warf Danny schnell ein. „Ich glaube nicht, daß Gott besonders darauf acht gibt, welche Worte jemand wählt. Wichtig ist, daß man sich wirklich vor dem Herrn öffnet und mit seinem Herzen betet."

Er erzählte Rick von dem Gebet des Sünders, der ganz einfach sprach ‚Gott sei mir Sünder gnädig', und wie dieser nachher gerechtfertigt vom Tempel herabging und in sein Haus zurückkehrte. Nachher bat er Rick, sich hinzuknien. Als sie sich eine Weile später nach gemeinsamem Gebet erhoben, lag auf Donnervogels runzeligem Gesicht ein breites Lächeln.

Ohne eine weitere Bemerkung, nahm er Dannys Hand und drückte sie warm.

Bob und Dick sahen einander an, dann blickten sie wieder auf den betagten Indianer und ihren drahtigen, jungen Vetter. Bob spürte, wie seine Unterlippe zitterte; er wandte sich rasch ab. Hätte er nur soviel Mut wie der alte Donnervogel!

„Danny", flüsterte Dick mit seltsam erstickter Stimme und formte die Worte kaum mit den Lippen, „ich möchte einmal mit dir sprechen — allein."

„Ja, sicher, Dick", antwortete Danny. „Ich bin zu jeder Zeit dazu bereit."

Dann entschuldigte er sich für einen Augenblick und lief zum Haus hinüber. Als er außer Hörweite war, wandte sich Bob an seinen Zwillingsbruder: „Was ist los, Hasenfuß? Willst du mich vielleicht los sein?"

„O, halt den Mund", fauchte Dick ihn an und wandte sich brüsk ab.

„Du solltest nicht gegen Jesus streiten", mahnte Rick gelassen. „Acht Jahre lang habe ich gegen Ihn gestritten, und erst heute bin ich glücklich."

In diesem Augenblick erschien Danny mit einer abgenutzten, ledergebundenen Bibel. „Nehmen Sie diese, Mr. Thunderbird", bat er. „Es ist meine Bibel und sie ist schon ziemlich viel gebraucht, aber Sie können sie zum Lesen behalten, bis Sie eine eigene haben."

„Du meinst, du willst mir diese Bibel geben?" fragte Rick.

Danny nickte lächelnd. Es war die Bibel, die ihm seine Mutter vor zwei Jahren zu Weihnachten geschenkt hatte; aber wenn Rick auf seinem neuen Lebensweg geistlich wachsen wollte, dann mußte er Gottes Wort, das lebensnotwendige Brot des Lebens, haben. Durch das Lesen der Bibel würde er nicht nur den Willen des Herrn für sein Leben erkennen, sondern auch den unerschöpflichen Reichtum an geistlichen Segnungen.

„Aber Junge", klagte Rick, „der alte Donnervogel ist nie zur Schule gegangen. Er kann nicht lesen."

„Dann werde ich von Zeit zu Zeit hinüberkommen und Ihnen vorlesen. Wie wäre das?"

Als Antwort streckte Rick seine Hand aus und fuhr Danny liebevoll durch die Haare.

Schließlich kam Mr. Orlis und schlug vor, daß Rick ein bißchen dableiben solle. Gegen Abend könnten die Jungen ihn dann im Boot nach Hause bringen.

„Ja", erwiderte Rick, „ich habe viel mit Ihnen zu reden."

Als die beiden Männer dem Haus zuschritten, sprach Danny: „Ist das nicht wunderbar, wie Rick Donnervogel heute zu Christus als seinem Erlöser gefunden hat? Wir haben bei unseren Familienandachten seit Jahren für ihn gebetet."

„Ich weiß nicht, was daran so wunderbar ist", brummte Bob. „Er ist doch nur ein dummer Indianer."

„In Gottes Sicht", entgegnete Danny, „ist er mehr als nur ein dummer Indianer. Für Gott ist er genauso wichtig wie du oder ich."

„Wißt Ihr was?" meldete sich Dick plötzlich zu Wort. „Jack und Cliff haben ihre Nase den ganzen Tag nicht aus der Hütte gestreckt. Sie sind lediglich zum Frühstück drüben im Haus gewesen."

Danny schaute aus dem Fenster zur Hütte auf der anderen Seite des Weges. „Ganz recht, und sie haben die Gardinen dicht zugezogen. Freunde, da geht was vor, etwas, was mit der Schatzsuche nicht erschöpft ist."

„Vielleicht hast du recht", meinte Dick. Er senkte seine Stimme zu einem Flüstern und fuhr fort: „Ich wette, daß sie mit dieser komischen Maschine arbeiten, die du heute morgen gesehen hast, Danny."

In diesem Augenblick trat Jack auf die Veranda heraus und sah sich um. Danny ließ den Vorhang los und wich rasch zurück. Dick und Bob drängten sich eng an ihn und spähten durch den dünnen Vorhang auf den Fremden, der auf der Veranda der Nachbarhütte stand.

„Diese Burschen haben eine Heidenangst, daß sie beobachtet werden", stellte er fest. „Da drüben geht was vor. Ich glaube, wir sollten der Sache auf den Grund gehen."

„Das meine ich auch", unterstützte ihn Dick.

„Aber wie?"

„Das möchte ich auch wissen", warf Bob ein. „Ich bin mit diesem Cliff ein einziges Mal aneinandergeraten und ich — ich dachte, er würde mir den Kopf abreißen."

„Richtig", sprach Danny weiter, „was wir auch unternehmen, wir müssen vorsichtig sein."

„Aber wenn man uns erwischt?" unterbrach ihn Bob.

„Ja nun, wir sollten uns eben besser nicht erwischen lassen", entgegnete Danny.

DIE SUCHE BEGINNT

Danny, Bob und Dick saßen in der kleinen, aus einem Zimmer bestehenden Hütte zusammen und sahen einander an. Danny spielte gedankenverloren mit einem Stück Seil, das er vom Boden aufgehoben hatte.

„Mann", begann Dick nach einer Weile, „ich gäbe eine ganze Menge drum, wenn ich wüßte, was Cliff und Jack wirklich im Schild führen."

Der junge Waldläufer knüpfte einen kunstvollen Knoten in das Stück Seil und löste ihn langsam wieder auf. Dann sprach er: „Wißt ihr, ich meine, wir sollten rübergehen und den beiden Burschen einen Besuch abstatten."

„Du meinst, wir sollten einfach zu ihrer Hütte rübergehen und – und mit ihnen reden?" fragte Bob.

„Sicher, warum nicht?"

„Aber – aber du kannst dir gar nicht vorstellen, w—was sie tun werden, w—wenn sie uns zu fassen kriegen", fuhr Bob fort. Vor lauter Aufregung fing er an zu stottern. „Und glaub' mir, die s—sind ganz schön hart! Ich weiß Bescheid!"

„Wir machen nichts als einen kleinen, gesellschaftlichen Besuch", erklärte Danny. „Dagegen können sie ja wohl nichts haben. Auf diese Weise erhalten wir vielleicht Hinweise. Wir brauchen bloß reinzugehen und mit ihnen über das Angeln und den See zu reden und dabei Augen und Ohren aufzusperren!"

„Schön", meinte Bob. „Ich geh' mit, wenn du das Reden besorgst."

„Okay, dann wollen wir uns auf die Socken machen", befahl Danny.

Als sie vor der Hüttentür angelangt waren, flüsterte Danny noch schnell: „Wir wollen möglichst leise zur Veranda hinaufgehen. Vielleicht können wir durch das Fenster irgend etwas erspähen, so wie es mir heute morgen gelungen ist."

Die drei schritten leise zur Veranda hinauf und bis zur Türe. Die Gardine war dicht zugezogen, doch als Danny sich ein wenig bückte, konnte er nach drinnen sehen. Er zog die Luft scharf ein und richtete sich so plötzlich auf, daß Dick und Bob erschraken.

„Was ist los?" flüsterte Dick gespannt. „Was hast du gesehen?"

Ohne ein Wort bückte sich Danny nochmals, während seine Gefährten zitternd dabeistanden. Nach ein oder zwei Augenblicken streckte er sich und klopfte fest an die Türe.

Von drinnen war ein Hin- und Herhasten zu vernehmen. Durch die geschlossene Türe hörte man das Geräusch von Stühlerücken, knisterndem Papier und das dumpfe Poltern eines Gegenstandes, der unter das Bett geworfen wurde.

Danny klopfte von neuem.

„Nur einen Augenblick", rief Jack. „In einer Minute sind wir bei euch."

Lange, gespannte Stille trat ein.

„Kommt", wisperte Bob. „Laßt uns von hier verduften."

Doch Danny packte ihn am Arm. „Pscht", warnte er, „sonst verrätst du alles."

Es vergingen einige Minuten, bis Jack sich zeigte. Er öffnete die schwere, handgefertigte Türe gerade so weit, daß er erkennen konnte, wer draußen stand. „Was habt ihr vor, Jungs?" fragte er kurz. Er stellte sich so vor die Tür, daß sie nicht nach drinnen sehen konnten.

Danny musterte ihn kritisch. Ihm schien, daß Jack blaß aussah. Ein Kranz Schweißperlen stand auf seiner Stirne. „Wir kamen rüber, um einen kleinen Besuch zu machen", erläuterte er. „Wir hatten nicht viel zu tun."

„Ich muß euch sagen, Jungs", entgegnete Jack hastig, „daß Cliff ein fürchterliches Kopfweh hat. Es ist besser, wenn ihr morgen rüberkommt." Damit schloß er die Türe und schob von innen den Riegel vor.

„So, und was weißt du jetzt?" begehrte Bob auf.

„Nun, das kann ich sagen", meinte Danny laut, „ein schlimmes Kopfweh ist nichts zum Lachen. Es kann den stärksten Mann umhauen." Damit faßte er Dick und Bob am Arm und eilte mit ihnen von der Veranda hinab und durch den schmalen Pfad. „Sie werden uns beobachten", flüsterte er. „Benehmt euch so, als ob wir nur herumtrödelten."

Sie hielten beim Boot an, das am Landesteg vor ihrer Hütte vertäut war, und schöpften das Wasser heraus. Dann schlenderten sie zu Dannys Hund Laddie hinüber. Dick warf seinen Stock, und der Hund raste los, um ihn zu holen.

„Was hast du gesehen?" fragte Bob aufgeregt. „Was hast du da drüben gesehen?"

„Ich — ich weiß nicht recht", fing Danny an. „Diese komische Apparatur, die ich heute morgen gesehen habe, stand halb verdeckt von einem Stück Segeltuch in einer Ecke. Jack und Cliff hatten beide ein großes, quadratisches Stück Papier, das furchtbar alt aussah, worauf sie etwas zeichneten."

„Etwas zeichneten?" wiederholte Bob. „Was mögen sie

hier oben finden, um es zu zeichnen? Vor allem drinnen in der Hütte mit den heruntergezogenen Vorhängen! Ich habe immer geglaubt, ein Künstler müsse sich das anschauen, was er zeichnet."

„Das ist es eben: ich weiß einfach nicht genau, was sie zeichnen", fuhr Danny fort. „Es sah irgendwie so aus, als ob sie Karten zeichneten."

Dick und Bob starrten ihn an. „Karten zeichneten?" sprach Dick nach. „Wozu sollten sie Karten zeichnen?"

„Gerade das sollten wir herausfinden", meinte Danny nachdenklich. „Wenn einer auf der Suche nach einem Schatz ist, dann folgt er einer Karte, er zeichnet sich keine."

Alle drei schauten einander an, dann blickten sie wieder zu der kleinen Hütte hinüber, in der sich die geheimnisvollen Fremden aufhielten.

Nach einigen Minuten erschien Mr. Orlis und berichtete Danny, daß Rick Donnervogel bereit sei, wieder nach Hause zurückzufahren.

„Würdest du bitte das Benzin holen, Dick?" bat Danny, als er Ricks Kanu mit einem starken Strick ans Aluminiumboot anknotete. „Ich glaube, wir brauchen ein bißchen mehr Benzin, als was im Tank ist, um sicher nach Monument Bay hinüberzukommen."

Dick und Bob holten gemeinsam das Benzin, während Danny Boot und Kanu an den Landungssteg heranbrachte und festhielt, bis Rick eingestiegen war.

Der alte Indianer zeigte ein breites Lächeln, aber er sprach nicht viel, bis sie fast bei seiner Insel waren. „Ich erzählen deinem Dad, daß Rick Jesus gefunden."

„Das ist fein", entgegnete Danny.

„Du kommen rüber und lesen Rick nach und nach vor", fuhr Donnervogel fort. „Du liest Rick Bibel vor, so daß er wissen, was Gott sagt, was Er verheißt, was Er tat, aber auch, was Rick soll, wie leben und was tun."

„Aber sicher", grinste Danny.

„Du wirst nicht vergessen?"

„Nein", bekräftigte der Junge, „ich werde es nicht vergessen."

„Nun wird Rick etwas tun für euch." Aus dem Gesicht des alten Indianers schwand das Lächeln. „Ihr habt Rick gefragt nach Karte und Schatz. Rick sagt, er weiß nicht, wovon ihr redet. Das Lüge. Ich weiß seit langer Zeit, aber ich geschworen, niemals mit weißem Mann darüber zu sprechen. Aber Rick wird euch sagen, weil ihr Rick geholfen Jesus finden."

Danny drosselte die Geschwindigkeit des Motors, damit er die leise Stimme des Indianers hören konnte, und Bob und Dick drängten sich dicht heran und lauschten atemlos.

„Old Gibb McCloud sagt, er hat Karte", fuhr Rick Donnervogel fort. „Ehe er sterben, er sagen, er hat Karte. Und Gibb sagt immer Wahrheit."

„Meinen Sie den alten Gibb, der am Harrison Creek wohnte? Der, der letzten Herbst gestorben ist?"

Donnervogel nickte feierlich.

„Sind Sie sicher?" fragte Dick mit gespannter Stimme.

„Gibb war ehrlicher Mann", antwortete er einfach.

„Wissen Sie, wo er sie aufbewahrte?" erkundigte sich Danny. „Haben Sie je Gibb davon sprechen hören?"

„Nein", entgegnete der alte Indianer und schüttelte den Kopf. „Es ist an euch, sie zu finden."

„Aber wenn Sie wußten, daß er sie hatte", platzte Bob heraus, „warum haben Sie dann nicht danach geschaut?"

Rick starrte ihn einen Augenblick lang an. „Was hätte ich getan mit Gold?"

Als sie schließlich den Rückweg nach American Point angetreten hatten, meinte Bob aufgeregt: „Nun haben wir endlich etwas, woran wir uns halten können."

„Richtig", stimmte Danny zu. „Und glaubt mir, wir werden gleich morgen früh zu Gibbs altem Wohnplatz am Harrison Creek aufbrechen. Das ist wirklich eine gute Chance."

„Ja", bemerkte Bob, „wenn Rick uns nicht an der Nase herumgeführt hat. Hältst du das nicht für möglich?"

„Nein", sagte Danny, „Rick würde das nicht tun, und ganz besonders jetzt nicht, wo er Christ geworden ist."

„O, komm schon, das macht doch bei diesem alten Indianer keinen so großen Unterschied", entgegnete Bob spöttisch. „Ich weiß, daß er vor einer Weile mit dem Geheimnis der Karte herausgerückt ist, aber das war nur, weil er noch ein wenig knieweich war, nachdem du ihn mit diesem religiösen Zeug bearbeitet hattest."

Ehe Danny noch etwas entgegnen konnte, widersprach Dick mit ernstem Gesicht: „Nein, Bob, ich glaube nicht. Etwas ist heute mit dem alten Rick Donnervogel geschehen. Ich weiß nicht genau was, aber er ist anders, und er wird auch anders bleiben. Darauf möchte ich mein Leben wetten."

„Du hast recht, Dick", bestätigte Danny. „Die Bibel lehrt uns, daß wir bei der Erfahrung der Wiedergeburt eine neue Kreatur in Christus werden. Das ist es, was mit Rick heute geschah. Und das kann auch mit dir und Bob passieren, wenn ihr Christus in euer Herz hineinlaßt."

Die beiden Jungen blickten rasch zur Seite und sprachen eine ganze Zeitlang kein Wort.

Am nächsten Morgen blies ein stürmischer, schneidend kalter Westwind. Hin und wieder fielen große Regentropfen auf das Wasser. Trotz des bedrohlichen Wetters hatten die Jungen geplant, früh loszuziehen, um Gibbs verlassene Hütte drüben am Harrison Creek aufzusuchen, doch Mr. Orlis hatte einige Arbeiten, die sie zuerst erledigen mußten. So wurde es fast Mittag, bis sie fertig waren.

„Nun", meinte Danny, als sie im Gänsemarsch zum Bootssteg eilten, „ich glaube, jetzt sind wir bereit, den Wohnplatz von Gibbs unter die Lupe zu nehmen."

„Ja", murrte Bob, „wir sind alle bereit, aber sieh mal an, dein Dad hat ein Motorboot zerlegt und das andere liegt irgendwo draußen auf dem See. Wir können überhaupt nirgendwo hin."

„Aber sicher", entgegnete Dick, „wir können rudern."

„Rudern. Pah! Das ist harte Arbeit", konterte Bob.

„Zum Rudern ist es zu weit", bemerkte Danny, „aber wir können das Kanu nehmen und paddeln."

„Ich sehe nicht ein, warum er sich nicht eine andere Zeit aussuchen konnte, um den Außenbordmotor in seine Teile zu zerlegen", murmelte Bob vor sich hin, als sie ins Kanu stiegen.

„Wir machen uns auf die Spur der Schatzkarte", flüsterte Dick mit leiser, vor Aufregung gespannter Stimme. „Das ist die Hauptsache. Ich wäre glücklich, selbst wenn wir zu Fuß gehen müßten."

„Ich auch", stimmte Danny zu.

„Glaubst du, wir werden sie finden?" fragte Dick, als Laddie flink ins Kanu sprang und sich auf den Boden legte. Die weiche Schnauze stieß an das Knie seines jungen Herrn. „Wirklich finden, meine ich?"

„Ich glaube schon, wenn uns nicht jemand zuvor gekommen ist", erwiderte Danny.

Obwohl sie mit allen Kräften paddelten, vergingen doch fast zwei Stunden, bis sie das Ufer vor Gibbs' verlassener Hütte erreicht hatten. Einige Minuten standen die Jungen da und schauten sich um, ohne ein Wort zu sprechen.

Alle Fenster an dem kleinen, quadratischen Haus waren zerbrochen, die Veranda war schief und die rückwärtige Türe hing nur noch an einem Scharnier. Der Holzschuppen befand sich in noch schlechterem Zustand, und das Dach der Scheune war eingebrochen.

„Mann", brummte Dick, „das sieht hier noch nicht so aus, als könne da irgend eine Schatzkarte zu finden sein!"

„Los, kommt schon", rief Bob aufgeregt. „Wir wollen uns an die Arbeit machen. Dieser Platz jagt mir Angst ein."

„Ich glaube, wir gehen besser erst zum Haus", schlug Danny vor. „Im Haus hatte er doch am ehesten die Möglichkeit, die Karte zu verstecken."

„Wie lange, sagst du, ist es her, seit der alte Gibbs gestorben ist?" fragte Bob, als sie auf der Veranda anhielten.

„Ich kann mich nicht genau erinnern", antwortete Danny.

„Wo hat man ihn begraben?" wollte Dick wissen.

„Drüben auf dem Hügel — ", begann Danny, doch plötzlich verstummte er. „Was ist das für ein Geräusch?"

DICK ENTSCHEIDET SICH

„Was ist das?" fragte Danny von neuem.

Einen Augenblick lang standen die Jungen neben dem baufälligen alten Haus und lauschten angestrengt.

„Es — es hört sich an wie ein Außenbordmotor", brachte Bob heraus.

Danny trat einen Schritt auf den breiten Strom zu. Das leise, klopfende Summen wurde nun lauter. Es gab keinen Zweifel: ein Boot mit Außenbordmotor kam auf sie zu, und zwar rasch.

„Da kommt jemand!" rief Danny und fing an, auf den Rand des Wassers zuzulaufen. „Wir müssen das Kanu außer Sicht bringen."

„Es ist keine Zeit mehr", wehrte Bob und schaute wild um sich, als suche er nach einem Versteck für das Kanu. „Wir schaffen das nie!"

„Warum wollen wir es überhaupt verstecken?" wandte Dick ein. „Wir haben schließlich nichts verbrochen."

„Nein", erklärte Danny, als er rasch ins Kanu sprang und nach dem Padel griff. „Aber wir sind auf der Spur der Du Bois-Karte, und wenn uns jemand hier herumschnüffeln sieht, dann könnte er sich vielleicht so seine Gedanken machen."

„Ja", unterbrach ihn Bob, „und wenn dieser Jemand vielleicht Cliff und Jack ist, dann dürfte es für uns sogar unangenehm werden."

„Glaubst du wirklich, daß sie es sind?" fragte Dick.

„Es könnte schon sein", gestand Danny und paddelte

eiligst mit dem Kanu einige Meter flußaufwärts bis zu einem dichten Gebüsch, das über das Wasser herausragte. „Das hört sich sehr nach einem Lawson-Motor an. Und Vati ist der einzige, der auf dieser Seite des Sees einen Lawson-Motor hat."

„Sie — sie würden uns doch wirklich nicht etwas antun, wenn dein Dad in der Nähe ist, Danny, oder?" stammelte Bob unsicher.

„Natürlich nicht."

„Aber Onkel Carl wird nicht die ganze Zeit um sie herum sein", wandte Dick ein. „Wenn sie uns hier sehen sollten, dann denken sie sich vielleicht irgendwas aus und warten, bis sie uns allein schnappen können. Darüber mache ich mir ernstlich Sorgen."

„So steht doch nicht hier herum. Tut irgendwas!" schrie Bob. „Sie kommen ja gleich um die Biegung! Beeilt euch!"

Danny arbeitete flink, aber ruhig. Er band das leichte Seil fest an einen kleinen Baum, so daß der Fluß das Kanu nicht abtreiben konnte, zog die Zweige über das Boot, um es vollständig zu verbergen, und richtete sich dann wieder auf. „So, das ist erledigt", meinte er.

„Kommt!" rief Bob. „Sie werden in einer Minute dasein!" Er war schon halbwegs auf dem Weg zum Haus.

Dick und Danny liefen schnurstracks auf die baufällige, alte Scheune zu, Laddie Boy, Dannys Hund, dicht neben ihnen her.

„Hier rüber!" kommandierte Danny. „Wenn sie sich hier überhaupt aufhalten, dann werden sie sich als erstes das Haus vornehmen!"

Alle drei drängten sich nun durch das enge Scheunentor und ließen sich schwer atmend in das verrottende Heu fallen.

„Wir haben's geschafft!" keuchte Bob. „Wir haben's geschafft!"

Danny legte seinem Vetter warnend den Finger auf die Lippen. Bob machte ein finsteres Gesicht und wandte sich ab. Ein paar Minuten lag er schweigend da und atmete in langen, trockenen Stößen. Laddie schien zu spüren, was geschehen war, und legte sich eng neben Danny. Seine feuchte Schnauze drückte er in Dannys Hand.

„Wer es auch ist, hat draußen haltgemacht", flüsterte Dick, als das Motorengeräusch plötzlich verstummte.

„Ich werde mal einen Blick in die Runde werfen." Danny erhob und bewegte sich mit vorsichtigen Schritten auf das herausgebrochene Fenster in der Ecke der Scheune zu. „Sie sind es!" wisperte er. „Es sind Vati, Cliff und Jack! Und sie sind auf dem Wege hieher!"

„Was glaubst du, was sie tun?" fragte Dick heiser.

„Sich umschauen – vielleicht", meinte Danny.

„Oder nach der Schatzkarte suchen", warf Bob ein.

Während sie im Heu lagen und kaum zu atmen wagten, konnten sie hören, wie die drei Männer aus dem Boot ausstiegen und geräuschvoll auf das Haus zugingen.

„Der alte Dawson Trail beginnt gleich hier hinter Gibbs' Wohnstätte", teilte Dannys Vater eben laut mit, als sie an der Scheune vorbeigingen. „Er führt von hier quer durch das Land nach Winnipeg. War vor einigen Jahrhunderten ein ganz berühmter Verkehrsweg. Ich vermute, daß da viel Betrieb herrschte."

„Glaubst du, daß sie hier reinkommen?" brachte Bob leise heraus.

Danny schüttelte den Kopf.

Während die Jungen horchten, wurden die Stimmen immer leiser, bis sie sie schließlich nicht mehr hören konnten.

„Müssen sie auf diesem Weg zurückkommen?" fragte Bob nach fünf Minuten atemlosen Wartens.

„Nein", antwortete Danny. „Sie werden nach hinten gehen, um einen Blick auf den Dawson Trail zu werfen, und dann wird Vati sie wahrscheinlich zum Grab des alten Gibbs hinüberführen. Damit wären sie dann westlich von uns."

Noch während er sprach, sprang der Außenbordmotor plötzlich an.

„Na, da sind sie ja endlich fort", jauchzte Bob mit einem erleichterten Seufzer. Er wollte nach draußen gehen, doch Danny hielt ihn zurück.

„Wir wollen ihnen Zeit lassen, aus unserem Blickfeld zu verschwinden", mahnte er. „Es könnte einer zufällig in unsere Richtung schauen."

Als das Motorengeräusch zu einem Flüstern abgeklungen war, verließen die drei Jungen mit Laddie die Scheune und machten sich auf den Weg zum Haus.

„Wo glaubst du, daß der alte Gibbs die Karte versteckt haben könnte?"

„Ich weiß nicht", entgegnete Danny, „aber es sieht nicht so aus, als seien wir die einzigen, die je hier danach gesucht haben."

Das kleine, aus drei Räumen bestehende Haus sah aus, als sei ein Tornado hindurchgefegt. Geschirr und andere Gegenstände lagen in der Küche verstreut. Die Ofentürchen waren auf den Boden geworfen worden, und jemand hatte das Ofenrohr herausgedreht und auf die Seite geschleudert. Schlaf- und Wohnzimmer sahen keineswegs besser aus. Der alte Gibbs hatte nicht viel Möbel besessen, aber die wenigen waren vollständig zerlegt worden. Die dünne Baumwollmatratze lag aufgeschnitten auf dem Boden. Die Bettstatt aus Stahlrohr war in Stücke zerteilt, und die Roßhaarcouch hatte man ebenfalls aufgeschlitzt. Eine Reihe verblichener, alter Bilder in zerbrochenen Rahmen waren von der Wand genommen und in eine Ecke geworfen worden.

„Vielleicht hat sie schon jemand gefunden", stöhnte Bob, als er die Zerstörung sah.

„Nein", entgegnete Danny. „Man hätte das Haus nicht so auf den Kopf gestellt, wenn die Karte gefunden worden wäre."

„Vielleicht", meinte Dick. „Aber es sieht so aus, als ob uns ein ganz schönes Stück Arbeit erwartet, sie in diesem Durcheinander zu finden. Jedes sinnvolle Versteck scheint schon geplündert worden zu sein."

Sie stocherten ein wenig im Haus herum und machten sich dann an Scheune und Holzschuppen. Aber die früheren Sucher waren auch dort gewesen. Bretter waren abgerissen, Kisten und Fässer aufgestemmt, Steingutkrüge zerschlagen. Jeder Zoll aller Gebäude war abgesucht worden.

„Glaubst du nicht, daß Cliff und Jack vor heute schon einmal hier waren?" fragte Bob, als sie aus der Scheune traten und nach dem Fleck schauten, wo das Kanu versteckt lag.

„Es könnte schon sein", meinte Danny.

„Nun, ob es nun Cliff und Jack oder jemand anderes war", bemerkte Dick, „es wird ziemlich spät. Ich glaube, wir sollten uns langsam auf den Heimweg machen."

Danny schielte zu den Wolken hinauf, die sich über den Bäumen zusammenbrauten. „Es wird bald zu schütten anfangen, und heute nacht wird es regnen", stellte er fest. „Aber ich glaube, wir haben noch Zeit, einen anderen Platz anzuschauen."

„Welchen anderen Platz?" wollte Bob wissen.

„Das Grab des alten Gibbs."

„Sein Grab?" riefen die Zwillinge wie ein Echo.

Danny nickte.

„O nein", meuterte Bob. „Nicht mit mir. Ich schaue in kein Grab, Schatz hin, Schatz her."

„Wir werden uns trotzdem da mal umschauen", entgegnete Danny lachend.

Zu dritt marschierten sie mit Laddie an ihrer Seite durch den Wald zu einer kleinen, mit Unkraut überwachsenen Lichtung. Kein Laut war zu hören außer dem Knacken von Zweigen und dürrem Gras zu ihren Füßen und ihrem mühsamen Atem. Danny hielt am Rande der Lichtung an und deutete auf ein verwittertes Häuschen, etwa doppelt so groß wie ein Puppenhaus, das auf einem langen, schmalen Erdhügel stand. „Da ist es", meinte er leise.

„Was für eine Art von Grab ist das?" erkundigte sich Dick.

„Ein ganz normales, heidnisches Indianergrab", erläuterte Danny. „Seht ihr, die Indianer haben von Gott und Himmel seltsame Vorstellungen. Sie glauben auch so an eine Art Himmel, aber sie glauben nicht, daß Gott, oder der Große Geist, wie sie es nennen, viel Macht hat. Wenn sie einen Leichnam in einem Sarg oder einer Kiste begraben, bohren sie noch drei Löcher hinein, damit die Seele entweichen kann. Dann stellen sie ein kleines Häuschen auf das Grab, mit etwas Tabak und Lebensmitteln darin."

„Warum das?" fragte Dick, und seine braunen Augen blickten ganz ernst drein.

„Ich weiß nicht genau", meinte Danny und setzte sich auf einen großen Felsbrocken. „Aber ich denke, sie machen das, damit die Seele einen Platz zum Leben hat."

„Dann sind wohl die Lebensmittel als Speise für die Seele gedacht", folgerte Dick.

„Das ist wirklich sehr viel anders als das, was die Bibel

uns lehrt", fuhr Danny fort. „Es heißt darin, daß Jesus zu seinen Jüngern sprach: ‚Im Hause meines Vaters sind viele Wohnungen — wenn's nicht so wäre, hätte ich's euch gesagt —, denn ich gehe ja hin, um die Stätte für euch bereitzumachen. Wenn ich nun hingehe und die Stätte für euch bereitmache, will ich wiederkommen und euch zu mir nehmen, damit ihr seid, wo ich bin. Und wo ich hingehe, den Weg dahin wißt ihr.' Ein Christ braucht sich nicht auf ein kleines Holzhäuschen zu verlassen, das seine Freunde und Anverwandten als Ruhestätte für seine Seele zusammennageln. Er hat eine Heimstatt, die Gott für ihn bereitet hat. Gott hat denen, die ihm vertrauen, einen Platz im Himmel bereitet, so wie er denen, die ihn nicht als Erlöser akzeptieren, einen Platz in der Hölle bereitet hat."

„Du glaubst also nicht, daß alle Menschen in die Hölle kommen?" erkundigte sich Dick. Sein Gesicht war blaß und verzerrt, als er diese Frage stellte.

„Ich glaube an das, was in der Bibel steht", erwiderte Danny. „Und sie sagt uns, daß jeder, der sich weigert, seine Sünden zu bekennen und Christus als Erlöser anzunehmen, in die Hölle kommt."

Langes, tiefes Schweigen trat ein. „Ich kann das verstehen bei jemand wie — nun, wie bei dem alten Gibbs, der vielleicht viel getrunken hat, oder bei jemand, der stiehlt oder betrügt oder lügt", äußerte Dick endlich. „Wie aber steht es mit den guten Menschen?"

Danny schlug sein Neues Testament bei Römer 3, 10 auf. „Die Bibel lehrt uns", fing er an, „ ‚da ist keiner, der gerecht ist, auch nicht einer. Da ist keiner, der verständig ist; da ist keiner, der nach Gott fragt.' Und an einer anderen Stelle heißt es: ‚Der Lohn der Sünde aber ist der Tod'. Das bedeutet, daß jeder so böse ist, daß er zur Hölle verdammt ist, ehe er Jesus als seinen Erlöser angenommen hat, gleichgültig, ob er sich bemüht, gut zu sein oder nicht."

„Glaubst du, daß auch ich davon betroffen bin?" wollte Dick wissen. Er sprach so leise, daß Danny ihn kaum verstehen konnte.

Danny betete im stillen darum, daß Gott ihm die rechten Worte eingeben möge, und sagte: „Ja, Dick. Du und jeder andere, der in seinem Herzen nicht Christus aufgenommen hat, ist davon betroffen. Bis vor drei oder vier Jahren galt dies auch für mich. Aber ich habe mir Gottes Gnade und Barmherzigkeit zunutze gemacht. Ich bin mit Ihm ins reine gekommen, weil ich mein Leben Ihm übergeben habe und Jesus Christus als meinen Erlöser angenommen und erfahren habe."

Volle zwei Minuten starrte Dick zu Boden. Schließlich hob er den Blick.

„Würdest du mir zeigen, wie ich Christus in mein Herz einlassen kann?"

Voller Freude kniete Danny mit Dick im Wald nieder. So gut er konnte, erläuterte Danny den Weg der Erlösung. Er erklärte Dick, daß er vor Gott und gegebenenfalls auch vor Menschen seine Sünden bekennen müsse, und wie er sein Vertrauen vollständig und absolut auf Christus zu setzen habe, der am Kreuz starb und aus dem Grab auferstand, damit Männer, Frauen und Kinder gerettet würden. Er wies ihn auch an, wie er bereit sein müsse, den Weisungen des Herrn zu gehorchen und auf alles zu verzichten, was sich zwischen ihn und Christus stellen könne. Als sie so miteinander sprachen und schließlich gemeinsam beteten, vergaßen sie Bob, den Schatz und Laddie. Sie vergaßen sogar, wo sie waren, bis sie ihr Gebet zu Ende gesprochen hatten und sich wieder erhoben.

„Wo ist denn Bob?" fragte Dick erstaunt und sah sich um.

„Ich weiß nicht, er war doch vor wenigen Minuten noch da."

„Ich vermute, er heckt wieder irgendwas Komisches aus."

In diesem Augenblick hörten sie Laddie aus der Richtung des Flußes wütend bellen. „Los!" schrie Danny. „Da ist was nicht in Ordnung!"

Sie brachen eben in dem Augenblick durch das Gehölz am Rand des Wassers, als Bob im Kanu in den Fluß hinausfuhr. Laddie rannte mit wütendem Gebell am Ufer hin und her.

„Na, nun wollen wir doch mal sehen, wie ihr Schlappschwänze nach Hause kommt!" höhnte er.

Das Kanu war vielleicht eineinhalb Meter vom Ufer entfernt, als Laddie mit einem gewaltigen Sprung nachsetzte. Der Hund erwischte die Seite des nicht allzu stabilen Gefährts mit seinen Vorderpfoten. Bob schrie vor Entsetzen auf, als es umkippte und ihn in das tiefe, wirbelnde Wasser schleuderte.

BOB ÄNDERT SEINE MEINUNG

„Hilfe!" brüllte Bob voller Verzweiflung, als er unterging. „Hilfe!" Er schlug im Wasser wie wild um sich, und die Strömung trug ihn immer weiter vom Ufer weg. „Hilfe! Hilfe!"

„Ich komme!" schrie Danny ihm nach und lief zum Rand des Wassers.

Als Danny rasch seine Schuhe abwarf und in das kalte, schnellfließende Wasser eintauchte, ging Bob zum zweiten Mal unter. Er kam wieder hoch und drosch mit den Armen auf das Wasser ein. Der Ertrinkende griff wie wahnsinnig nach Danny; doch der schwamm um ihn herum, kam mit einem Sprung hinter Bob hoch, und faßte ihn bei den Haaren, ehe er merkte, was geschah. Mit heftigen Atemstößen zog Danny seinen Vetter zum Ufer hinüber, wo Dick kauerte.

„Ich hab ihn!" rief Dick, griff nach unten und packte Bob unter den Armen. „Ich hab ihn!"

Danny krabbelte an Land, und zu zweit zogen sie nun Bob aus dem Wasser. Er war inzwischen bewußtlos, und sein blasses Gesicht begann sich blau zu färben.

„Ist er tot?" keuchte Dick.

„Hilf mir, ihn herumzuwälzen", befahl Danny. „Wir müssen Wiederbelebungsversuche anstellen!"

„Bob!" schrie Dick. „Mach die Augen auf! Bob!"

Danny rollte Bob auf den Bauch, legte den Kopf des Bewußtlosen auf einen Arm und begann mit künstlicher Beatmung.

Dick schaute ein oder zwei Momente schweigend zu, dann schleppte er sich langsam zu Laddie hinüber, der mit dem Kopf zwischen den Pfoten dalag. Der große Hund schien zu spüren, daß er Schwierigkeiten verursacht hatte.

„Schon recht, Laddie", sagte Dick sanft, „schon recht, mein Alter."

Er ging wieder zurück zu seinem Bruder, der immer noch von Danny bearbeitet wurde. Ohne recht zu merken, was er tat, fiel er auf die Knie nieder und fing an zu beten.

„O mein Gott", flehte er, „ich weiß nicht recht, wie ich zu Dir sprechen soll, aber Du weißt alles über Bob. Du weißt, wie sehr er Deine Hilfe braucht. Das Schlimmste, lieber Gott, ist, daß er noch nicht bereit ist zum Sterben. Er hat Deinen Sohn, Jesus Christus, noch nicht als Erlöser angenommen. O Gott, hilf Bob, daß er wieder gesund wird und ein Christ werden kann! Und hilf ihm, himmlischer Vater, zu erkennen, daß er Christus ebensosehr braucht wie ich. Im Namen Jesu — " Dick wollte weiterbeten, aber die Stimme versagte ihm. So kniete er einfach stumm da, doch sein Herz schrie zu Gott. Er wußte nicht, wie lange er so dagekniet hatte. Die Zeit schien stillzustehen.

„Dick!" flüsterte Danny gespannt. „Dick! Ich glaube, er rührt sich!"

Er kam wirklich wieder zu sich! Bob schlug die Augen auf und begann sich zu bewegen. Sein Gesicht bekam erneut Farbe. Er atmete in langen, keuchenden Zügen. Während Dick ihn beobachtete, versuchte er, sich umzudrehen. „O-o-o-", ächzte er.

„O himmlischer Vater!" rief Dick. „Ich danke Dir! Ich danke Dir so sehr!"

Bob stöhnte wieder.

„Komm, Dick!" wies Danny ihn kurz an. „Wir müssen ihn ins Haus schaffen, wo es etwas wärmer ist."

Danny zitterte selbst vor Kälte, aber daran dachte er gar nicht. Sie trugen ihn zusammen zum Haus und legten ihn auf die kaputte Baumwollmatratze.

„Du solltest vielleicht besser die Kleider mit ihm tauschen, Dick", schlug Danny vor, als er sah, wie Bob vor Schock und Kälte zitterte. „Dann werden wir diesen Herd wieder herrichten und ein Feuer machen."

„Sollten wir nicht besser so schnell wie möglich zu deinem Haus zurückkehren?" fragte Dick ängstlich und zerrte sein Hemd herunter.

„Das schaffen wir heute abend nicht mehr", erklärte Danny. „Bob ist nicht in der Verfassung, sich zu bewegen, und außerdem treibt unser Kanu irgendwo da draußen flußabwärts."

Während Dick seinen Bruder in seine eigenen warmen, trockenen Sachen kleidete und sich selbst die kalten, nassen Hosen, Hemd und Unterwäsche überstreifte, setzte Danny das Ofenrohr wieder ein und zündete ein Feuer an.

Von neuem kam Wind auf. Er heulte durch die Bäume und peitschte den normalerweise ruhigen Fluß zu weißen Schaumkronen auf. Regen schlug Danny ins Gesicht, als er einen Armvoll Holz heranschleppte.

„Gleich wird ein Sturm losbrechen", verkündete er. „Wir wollen Bob hier in die Küche bringen und die Fenster abdichten."

Da richtete Bob sich unsicher auf und humpelte in die Küche. Er mußte sich an der Wand abstützen. Dick und Danny trugen die aufgeschlitzte Matratze vor den Herd auf den Boden.

„Ich – ich war noch nie so schwach", murmelte Bob.

„Du legst dich besser wieder hin", wies ihn Danny an.

„Dick und ich werden inzwischen die Fenster zunageln."

Bob gehorchte noch so gerne, und Dick warf ein Stück einer alten Decke über ihn, die er in einer Ecke des Schrankes gefunden hatte.

In der kleinen Küche wurde es langsam warm, und als sie mit dem Abdichten der Fenster fertig waren, wurde es recht behaglich. Dick und Danny setzten sich nahe ans Feuer, damit ihre Kleider trocknen konnten.

„Wie — wie kommen wir nun zurück zu dir nach Hause?" stotterte Dick leise, als Bob anscheinend eingeschlafen war.

Danny schüttelte den Kopf. „Ich weiß es nicht", entgegnete er, „aber der Herr wird für uns sorgen. Er wird uns auf irgendeine Weise zurückhelfen. Darum mache ich mir keine Sorgen."

„Ich — ich habe da wirklich einen kapitalen Blödsinn gemacht", warf Bob plötzlich dazwischen.

„Ich dachte, du seist eingeschlafen", staunte Dick.

„Wenn ich nicht existieren würde, dann wäre nichts von all dem passiert", fuhr Bob fort. „Aber ich mußte einfach weg und ganz verrückt spielen, als du anscheinend Christ wurdest und — und dich wie ein Narr benahmst."

„Alles hat sich zum Besten gewendet", beruhigte Danny. „Das ist die Hauptsache."

„Jedenfalls danke ich dir vielmals, Danny, daß du mich herausgezogen hast", lobte Bob. „Sonst wär's mit mir aus gewesen. Ich — ich kann nämlich nicht schwimmen."

„Es war ein Glück, daß wir dich noch rechtzeitig herausgefischt haben", meinte Danny. „Du hast eine Menge Wasser geschluckt."

Bob erhob sich auf einen Ellbogen und blickte seinen Zwillingsbruder eingehend an. Ein langes Schweigen herrschte.

„Du — du hast für mich gebetet, nicht wahr?" flüsterte Bob so leise, daß sie ihn kaum hören konnten.

Dick nickte stumm.

„Es scheint wie ein Traum zu sein", fuhr er fort, „aber ich kann mich irgendwie daran erinnern, daß du für mich gebetet hast."

„Gott hat mein Gebet erhört, Bob. Zumindest hat Er die Hälfte davon erhört."

„Die Hälfte? Was willst du damit sagen?"

„Ich habe darum gebetet, daß du Jesus als deinen Erlöser annimmst, so wie ich darum gebetet habe, daß dein Leben gerettet wird."

In der Halbdämmerung konnte Danny sehen, wie Bob sich auf die Unterlippe biß. „Ich — ich weiß", flüsterte er, „ich habe auch das gehört." Er wollte weitersprechen, doch die Stimme versagte ihm, und er schwieg eine Weile. „Ich habe dagegen angekämpft seit dem ersten Tag auf dem Boot, als wir nach Angle Inlet fuhren. Das war der Grund, warum ich — warum ich losrannte und das Kanu stehlen und euch hier zurücklassen wollte. Ich wußte, wenn — wenn ich hier blieb, würde ich auch Christus als Erlöser annehmen, und das wollte ich nicht."

„Ich wollte es auch nicht, Bob", bekannte Dick ruhig, „oder wenigstens dachte ich, ich wolle es nicht. Mir kam es vor, als ob ein Christ nie seinen Spaß haben dürfe." Er hielt einen Augenblick inne, ein Grinsen huschte über sein Gesicht. „Ich bin wirklich noch nicht lange Christ, aber es kommt mir schon jetzt so vor, als würde ich bereits mehr Freude haben als je zuvor."

„Weißt du", meinte Danny, „wenn der Teufel uns auf diese Weise zum Narren haben und von Christus abhalten kann, dann ist das genau seine Absicht."

„Aber ich könnte nie gut genug sein, um ein Christ zu

werden", wandte Bob ein. „Ich rede Dinge, die ich nicht sagen sollte. Manchmal fluche ich auch. Ich tue so vieles, was ein Christ nicht tun sollte, daß ich einfach nicht gut genug bin."

„Danny hat mir gesagt, daß es nicht darum geht, aus eigener Kraft gut zu sein", entgegnete ihm Dick. „Wenn wir Jesus unsere Sünden bekennen und auf Ihn vertrauen, daß Er uns errettet und uns hilft, auf all jene Dinge zu verzichten, die nicht nach Seinem Herzen sind, so genügt das völlig. Die Bibel lehrt uns, daß wir aus eigener Kraft vor Gott nicht gerecht sein können."

„Aber ich gehe nun einmal gerne in Shows und dergleichen", brach es aus Bob hervor.

„Gott kann und wird auch dafür Sorge tragen", stellte Danny einfach fest. „Aber du brauchst jetzt nicht gleich über alle diese Dinge eine spezielle Entscheidung zu treffen. Wenn du das machen willst, dann ist das so, wie wenn du bei einer Zehnmeilen-Wanderung schon vor dem Weggehen zu Hause für jeden einzelnen Schritt überlegen wolltest, wohin du deinen Fuß setzen müßtest! Dick hat vorher schon gesagt, was die Hauptsache ist: bekennen, daß man ein verlorener Sünder ist; erkennen, daß man zur Errettung einen Erlöser nötig hat, um dann sein ganzes Vertrauen auf Ihn zu setzen. Wenn du das getan hast, dann kannst du die Bibel studieren und um Führung beten, und der Herr wird dich dahin bringen, daß du die Dinge sein läßt, die nicht zu Seiner Ehre gereichen.

Wieder trat längeres Schweigen ein. Schließlich stammelte Bob: „Würdest du – ich meine, würdest du mit mir beten, Dick?" Seine Stimme war vor innerer Bewegung belegt.

Zu dritt knieten sie sich vor dem knisternden Feuer nieder, während der Regen auf das Dach trommelte und der Sturm durch die Bäume heulte und an der Türe rüttelte. Bob gab sein Herz vorbehaltslos in die Hände Christi. „O Herr", betete er. „Ich — ich bin ein elender Sünder und bitte — bitte zeige mir den Weg." Als er zu Ende gesprochen hatte und seinen Kopf hob, lag auf seinem Gesicht ein Lächeln, das Dick nie zuvor an ihm gesehen hatte.

Kurze Zeit später wurde es dunkel; Danny zündete einen Kerzenstumpen an, den er in einer der Schubladen gefunden hatte. Dann nahm er sein vom Wasser aufgeweichtes Neues Testament hervor und las einige Kapitel. Er rückte so dicht wie möglich an die Kerze heran, um in ihrem schwachen Licht die Schrift zu erkennen.

„Eigenartig", meinte Bob, als sein Vetter zu Ende gelesen hatte, „aber die Ansichten eines Burschen ändern sich doch schnell. Vorher machte es mich ganz verrückt, wenn du in der Bibel gelesen oder auch nur etwas über Jesus oder die Bibel gesagt hast. Jetzt freue ich mich darüber."

Sie unterhielten sich noch eine gute Weile, kauerten sich dann schließlich auf der alten Matratze zusammen zum Schlafen.

Der Sturm hielt ohne Unterlaß die ganze Nacht über an. Gegen Morgen wachte Danny steif und kalt auf. Das Feuer war ausgegangen, und in der kleinen Küche breitete sich eisige Kälte aus. Er drehte sich um und stützte sich auf einen Ellbogen.

„Bist du das, Danny?" fragte Bob, sobald er gemerkt hatte, daß Danny wach war.

„Ja. Ich dachte, du schlafest noch."

„Ich friere so, daß ich nicht schlafen kann. „In den letzten Stunden habe ich mich fast zu Tode gefroren."

„Ich auch", bemerkte Danny. „Ich werde mal nachsehen, was ich mit dem Feuer ausrichten kann."

Im Haus fand sich reichlich Brennholz, doch Danny hatte nicht daran gedacht, auch etwas zum Anzünden mit hereinzubringen.

„Im andern Raum liegen einige alte Zeitschriften herum", meinte Bob, „ich habe sie gestern nachmittag gesehen."

„Ich bringe sie schon", meinte Danny einen Augenblick später. „Sie werden sich auch zum Anzünden eignen." Er legte einen Armvoll vergilbte Zeitschriften und alte, verblaßte Bilder mit dünner Rahmenverstärkung aus Sperrholz vor dem Herd auf den Boden.

Er knüllte einige Zeitungsseiten zusammen und steckte sie in den Herd, zerbrach das dünne Holz der Bilder und warf die Rahmen und die von Wasserflecken beschmutzten Bilder achtlos vor Bobs Füße. Das Feuer flackerte auf und entwickelte sich zu einer Flamme.

Einen Augenblick später schrie Bob voller Erregung: „Danny! Wir haben sie! Wir haben sie!"

„Was haben wir?" wollte Danny wissen.

Dick setzte sich jäh auf. Er war hellwach.

„Wir haben sie. Wir haben die Schatzkarte des alten Gibbs!"

DIE KARTE DES FREMDEN

„Wir haben sie gefunden! Wir haben sie gefunden!" jauchzte Bob immer wieder, und seine Stimme zitterte vor Aufregung. „Wir haben die Schatzkarte gefunden!"

„Bist du sicher?" fragte Danny ungläubig.

„Natürlich bin ich sicher. Es kann doch nichts anderes sein!"

Danny und Dick drängten sich zu ihm heran und blickten im flackernden Licht über seine Schulter. Es war eine Karte, die auf die Rückseite eines altmodischen Druckes, mit einem Korb Rosen auf einem Tisch, aufgeklebt war. So wie das Bild, auf dem sie befestigt war, hatte auch sie durch Wasserflecken gelitten und war abgeblaßt, doch die Linien sah man immer noch klar und scharf. In einer Ecke befand sich Datum und Unterschrift: Renaud Du Bois, 17. Juni 1736.

„Es ist wirklich die richtige Karte", stellte Danny fest.

„Natürlich ist es die richtige Karte", bestätigte Bob laut. „Da ist die Unterschrift des Burschen, der sie angefertigt hat. Sie ist nicht mal auf Papier gezeichnet, sondern auf eine Art von Haut. Selbstverständlich ist es die richtige."

Danny studierte intensiv die Karte und hörte kaum auf das Geplapper seines Vetters. „Da ist die Insel, auf der Fort Charles gestanden hat", erläuterte er und deutete auf eine lange, unregelmäßige Figur auf der einen Seite der Karte. „Das hier muß Massacre Island sein, wo dieser Priester und eine Gruppe von französischen Soldaten von den Indianern getötet wurden."

„Und das ist der Platz, an dem der Schatz vergraben ist", warf Dick ein und wies auf ein kleines x am westlichen Ufer von Massacre Island.

„Mann o Mann", rief Bob, und sein ganzer Körper zitterte vor Erregung. „Jetzt können wir den Schatz finden."

„Zu allererst", warf Danny nüchtern ein, „müssen wir erst mal so schnell wie möglich von hier fort. Erst dann können wir daran denken, nach dem Schatz Ausschau zu halten."

„Aber wie kommen wir von hier weg?" erkundigte sich Bob.

„Zu Fuß auf keinen Fall, das ist klar", schaltete sich Dick ein. „Zwischen hier und Dannys Wohnort sind mindestens drei oder vier tiefe Flußläufe, ganz zu schweigen davon, daß wir uns durch acht bis zehn Meilen Wald und Moor durchschlagen müßten."

„Gehen können wir nicht", stimmte Danny zu, „aber ich habe meine Axt bei mir, und im Holzschuppen hängt ein dickes Seil. Mit dem Seil können wir genügend Baumstämme zusammenbinden, um uns ein Floß zu machen. Es wird damit zwar langsam gehen, aber wir können unseren Weg von hier fort stochern. Wir müssen jetzt nur noch warten, bis es genügend hell ist, um uns an die Arbeit zu machen."

So saßen die Jungen da und studierten weiter die Karte und schwatzten vergnügt miteinander; sie waren viel zu aufgeregt, um sich noch einmal bis zum Tagesanbruch hinzulegen. Mit dem Einsetzen der Morgendämmerung drehte der Wind auf Süd, und die Sonne kam klar und warm hervor.

Als sie hinausgingen, stellte Danny, die Axt in den Händen, fest: „Wir haben seit gestern mittag nichts mehr zu essen gehabt. Ich habe Hunger wie ein Wolf."

„Essen?" fragte Bob. „Wer hat denn jetzt Zeit zum Essen?"

„Ich", entgegnete Danny. „Da drüben stehen Heidelbeersträucher. Wie wär's, Bob, wenn du rübergingest und welche pflücktest, solange Dick und ich das Floß zusammenbasteln? Wir haben eine Menge harter Arbeit vor uns, und es kann noch sechs bis acht Stunden dauern, bis wir wieder etwas zwischen die Zähne bekommen."

Danny und Dick hieben zwei bis drei gerade, gleichmäßig gewachsene Bäumchen um, schnitten die Zweige ab und teilten die Stämme in Stücke von je etwa 1, 80 Meter.

„Bist du sicher, daß dies uns drei und Laddie tragen wird?" erkundigte sich Dick, als sie das letzte Stück festlaschten und das Floß zum Wasser schoben.

„Sicher", antwortete Danny. „Unsere Sorge ist nicht, daß wir ertrinken, sondern wie wir das Ding vorwärtsstaken."

„Die ersten eineinhalb Meilen werden einfach zu bewältigen sein", bemerkte Dick und deutete auf die Strömung, die sie mittragen würde.

„Ich weiß", stimmte Danny zu, „aber wart erst mal, bis wir den See gegen uns haben. Dann gibt es keine Strömungen mehr."

Als sie mit ihren Vorbereitungen fertig waren, kehrte Bob mit einem Kübel Heidelbeeren zurück. „Ich sag euch", verkündete er grinsend, „die sind wirklich gut. Ich hatte keine Ahnung, was ich für einen Hunger hatte, bis ich über diese Sträucher geriet."

„Nach den Flecken um deinen Mund und dem Aussehen deines Gesichtes zu schließen, dürftest du jetzt nicht mehr sehr hungrig sein", lachte Dick gutmütig.

Sie stiegen auf das Floß, und Danny und Bob stocherten es in die Strömung hinaus. Langsam begann das Floß stromabwärts zu treiben.

„Nun", mahnte Dick, „hätte ich gerne ein paar von diesen Heidelbeeren."

„Ich glaube, wir sollten erst unsere Morgenandacht halten, ehe wir uns ans Essen machen", wandte Danny ein.

„Sicher", erwiderte Bob.

Danny schlug sein Testament auf und begann aus Psalm 98 zu lesen: ‚Singet dem Herrn ein neues Lied, denn Er tut Wunder. ... Der Herr läßt Sein Heil kundwerden'."

„Gott hat das auf diesem Ausflug wirklich getan", unterbrach Dick. „Er hat Sein Heil so klar kundwerden lassen, daß Bob und ich nicht mehr länger davor fortlaufen konnten. Wir mußten und durften Ihn als unseren Erlöser annehmen."

„Die gleichen Gedanken gingen mir eben auch durch den Kopf", unterstrich Bob.

Als Danny fertig gelesen hatte, beteten alle drei nacheinander, dankten Gott, daß Dick und Bob zu Christus als ihrem Erlöser gefunden hatten, dankten Ihm aber auch, daß Er Bob in der Gefahr beigestanden war und daß Er in der Sturmnacht über ihnen gewacht hatte.

„Und o Herr", schloß Danny, „segne diese Speise, die wir nun essen, und hilf uns, daß wir die Kraft, die wir empfangen, zu Deiner Ehre und zu Deinem Ruhm gebrauchen. Im Namen Jesu. Amen."

Sie waren noch damit beschäftigt, Heidelbeeren zu verspeisen, und sprachen aufgeregt über die Karte, als Dick das Kanu entdeckte, das kieloben am Ufer entlangtrieb.

„Schaut mal!" rief er. „Da ist unser Kanu!"

Rasch stakten sie das schwerfällige Floß längs dem Kanu.

„Junge, das ist prima!" rief Danny, als er das Kanu zu fassen bekam. „Ich hab mich schon gefragt, wie wir je dieses Floß den ganzen Weg bis zu unserem Haus staken sollten und was ich Vati erzählen würde, wie wir das Kanu verloren haben. Das ist das Beste, was uns passieren konnte."

„Gott wacht wirklich über einem, nicht wahr?" lobte Bob, als sie das Wasser aus dem Kanu schöpften und hinüberstiegen.

„Ja", bekräftigte Danny. „Wichtig ist nur, daß wir unser Vertrauen in Ihn setzen und uns daran erinnern, daß dem, der Gott liebt, alle Dinge zum besten dienen."

Ein Paddel war abgetrieben worden, als Bob und Laddie das Kanu zum Kentern brachten, doch Danny hatte noch zwei weitere sicher im Kanu angelascht. Sie banden sie rasch los und begannen zu paddeln.

Sie waren höchstens fünfzehn bis zwanzig Minuten mit dem Kanu weitergefahren, als sie den hohen Ton eines Außenbordmotors vernahmen.

„Da kommt jemand!" rief Bob aufgeregt. „Versteckt die Karte!"

„Ich hab sie, und niemand wird sie finden", entgegnete Danny.

„Das hört sich an wie der Motor deines Vaters, Danny", stellte Bob fest. „Glaubst du, daß es Cliff und Jack sind, die auf unserer Spur sind?"

„Wahrscheinlich eher Vati", meinte Danny. „Er und Mutter werden außer sich gewesen sein vor Sorge, als der Sturm aufkam und wir die ganze Nacht fernblieben."

Es war wirklich Dannys Vater, der da allein mit dem Boot kam, den grauen Hut tief ins Gesicht gezogen.

„Wo seid ihr Burschen eigentlich gesteckt?" fragte er mit ernster Miene, als er den Motor drosselte und längsseits kam. „Deine Mutter ist fast außer sich vor Sorge, Danny. Sie hat die ganze Nacht kein Auge zugetan. Ich ebensowenig."

„Ich weiß", erwiderte Danny, als sie zum Ufer gepaddelt und in das Leichtmetallboot umgestiegen waren. „Aber wir konnten es wirklich nicht ändern." In aller Eile erzählte er, was geschehen war.

„Nun", meinte Mr. Orlis, wir können Gott dafür danken, daß ihr alle sicher seid."

„Wir haben noch etwas anderes, Onkel Carl, für das wir Gott danken können", bemerkte Bob. „Dick und ich haben in der vergangenen Nacht zu Christus als unserem Erlöser gefunden."

„Das ist aber wirklich wunderbar", staunte der große Mann mit breitem Lächeln.

Nach ihrer Rückkehr weinte Dannys Mutter ein wenig, küßte alle drei und servierte ihnen das herrlichste Frühstück, das sie je vertilgt hatten. Als sie beim Essen saßen, schlenderten Cliff und Jack herein.

„Da sind ja die Burschen, die die ganze Nacht ausgeblieben sind", warf Jack ein und versuchte zu lachen und einen freundlichen Ton an den Tag zu legen. „Was ist denn mit euch passiert?"

„Wir wurden draußen vom Sturm aufgehalten", entgegnete Danny.

„Wir sind gestern ebenfalls ein wenig durch die Gegend gestreift", fuhr er fort, „aber wir haben euch nicht gesehen."

„Nun", lächelte Danny, „der Lake of the Woods ist schließlich ziemlich groß."

„Dieser Sturm hat sich schon lange vorher angekündigt", sprach Jack weiter und beobachtete die Buben sorgfältig. „Es muß schon was ziemlich Wichtiges gewesen sein, was euch aufgehalten hat bei derart bedrohlichen Wolken."

„Es war auch etwas mächtig Wichtiges", plapperte Bob gedankenlos dahin. „Und wir haben sogar gefunden, was wir suchten." In dem Augenblick, da er sprach, stieg ihm die Röte ins Gesicht. Danny und Dick blickten ihn rasch an.

„O", bemerkte Jack und erhob sich, „ich verstehe." Er machte sich auf den Weg zur Türe. „Komm, Cliff. Wir wollen uns mal besser in Bewegung setzen."

Nachdem sie die ganze Nacht fortgewesen waren, gab es für die Jungen an diesem Tag keine Möglichkeit, sich auf Schatzsuche zu begeben. Danny half seiner Mutter bei der Reinigung der Hütten, und Dick und Bob holten Eis aus dem Eiskeller, hackten einen Stapel Brennholz und schleppten Wasser für die Hühner und Kaninchen heran. Erst nach dem Abendessen, als sie wieder allein in ihrer Hütte waren, konnten sie sich miteinander unterhalten.

„Junge, Junge", meinte Bob, „ich glaube, ich habe heute mittag die Katze aus dem Sack gelassen. Ich hätte mir die Zunge abbeißen können, als ich merkte, was ich gesagt hatte."

„Wahrscheinlich haben sie dadurch etwas zum Nachdenken bekommen", sprach Danny, „aber ich glaube nicht, daß du ihnen einen Hinweis gegeben hast, mit dem sie wirklich etwas anfangen können."

„Wir müssen jetzt besonders vorsichtig sein", warf Dick ein. „Wenn sie Wind von der Karte bekommen, dann sitzen wir wirklich in der Tinte."

Bob seufzte. „Ich hoffe, sie haben nicht soviel herausbekommen, daß es ihnen etwas nützt."

„Im Augenblick gibt es etwas anderes, mit dem wir uns befassen sollten", flüsterte Danny und warf eine Handvoll Papierschnitzel auf den Tisch.

„Was ist das?" wollte Dick wissen.

„Das müssen wir eben herausfinden. Ich fand sie heute nachmittag hinter der Hütte von Cliff und Jack."

Bob schritt zu den Fenstern und zog die Vorhänge herunter, während Dick und Danny anfingen, die Papierstücke zusammenzusetzen.

„Ha, das ist ja eine Karte", rief Danny nach einigen Augenblicken. „Eine Karte von Angle Inlet."

„Aber sicher. Und da ist auch ein Schatz verzeichnet", meinte Dick, „gerade da drüben auf dem Festland."

Sie starrten verwundert auf die Papierfetzen. „Ich kann verstehen, warum jemand hierherkommt, um mit einer Karte nach einem Schatz zu suchen", fuhr Danny weiter. „Aber es ist mir unbegreiflich, warum jemand die Karte zerreißen sollte, sobald er hier ist."

„Diese Karte kommt mir nicht sehr alt vor", meinte Bob. „Sie sieht jedenfalls nicht aus wie unsere. Ich wette, sie ist nicht echt."

„Wir wissen, daß es nicht die echte Karte sein kann", sagte Danny gelassen, „denn die haben ja wir."

Sie saßen da und schauten einander an. „Das gibt einfach keinen Sinn", schloß Dick das Gespräch.

Als sie an diesem Abend zu Bett gegangen waren, konnte Bob nicht einschlafen. Er mußte immer daran denken, wie er beinahe ertrunken wäre, wenn Danny ihn nicht herausgezogen hätte, und wie er dort im alten Haus von Gibb McCloud nach langem Kampf zu Christus gefunden hatte. Dann dachte er wieder daran, wie sie die Karte fanden, nach der sie gesucht hatten, und wie Danny auf die geheimnisvolle Karte stieß, die in Fetzen gerissen worden war.

Er lag ganz still da, war aber hellwach. Da hörte er gedämpfte Fußtritte auf der Veranda. Sofort hatte er die

Augen offen und versuchte, in der Dunkelheit etwas zu erkennen. Eine lange, atemlose Stille herrschte, dann begann sich der Türknopf zu drehen. Er konnte es nicht sehen, aber er hörte das feine Geräusch von Metall auf Metall, als der Schließhaken zurückgezogen wurde. Jemand war auf der Veranda, und dieser Jemand brach in ihre Hütte ein!

EIN NÄCHTLICHER SCHNÜFFLER

In der kleinen Hütte lastete langes, unheimliches Schweigen, als Bob mit aufgerissenen Augen dalag und sich nicht zu rühren wagte. Jemand versuchte in die Hütte einzudringen, und er lag hilflos da, konnte nichts tun. Er vernahm das Klicken des Türschlosses. In der Stille der Nacht hörte es sich wie ein Gewehrschuß an, und die vorsichtigen Geräusche auf der anderen Seite der Türe verstummten augenblicklich.

Sie hätten die Türe absperren sollen, vor allem nachdem sie die Karte gefunden hatten und er sich vor Cliff und Jack so verplapperte! Sie hätten die Karte irgendwo unter der Matratze von Danny verstecken sollen! Bob hörte den regelmäßigen Atem von Dick und Danny. Beide lagen auf der anderen Seite der Hütte, so daß er keine Möglichkeit hatte, sie zu wecken, ohne den Eindringling zu warnen.

Die Türe begann sich langsam zu bewegen, und er vernahm einen gedämpften Schritt auf der Schwelle, das schwache Knarren des Sohlenleders auf dem Holzboden.

„O Gott", betete Bob inbrünstig, „bitte zeig mir, was ich tun soll." Er griff nach dem Tisch, der neben seinem Bett stand, und endlich faßten seine Finger einen harten Gegenstand.

Die Türe ging noch ein wenig weiter auf, und er konnte schwach die Umrisse von jemand Schwerem gegen das Mondlicht erkennen, als der Eindringling sich vorsichtig nach innen schob. Bob setzte sich plötzlich auf und warf

— ein perfekter Wurf gegen die massige Gestalt in der Türe. Ein dumpfer Schlag und ein lauter, entsetzter Schrei war zu hören; dann breitete sich der intensive Geruch von Kerosin aus.

„Dick! Danny!" schrie Bob. „Wacht auf!"

Beide waren sofort wach.

„Was — was ist passiert, Bob?" stammelte Dick. „Was ist los? Ist etwas nicht in Ordnung?"

„W-w-was ist los?" stotterte Danny gespannt.

„Die Karte?" flüsterte Bob, „ist sie noch da?"

Danny fühlte unter seiner Matratze nach.

„Sicher, warum?"

„Jemand ist hinter ihr her, Jungen", klagte Bob heiser. „Ich hörte ihn vor wenigen Sekunden. Er war direkt hier in der Hütte!"

„Niemand würde in die Hütte eindringen, wenn wir drin sind", wandte Danny ein. „Sie wüßten, daß sie das nicht schaffen könnten."

„Das ist mir nicht bekannt", fuhr Bob fort, „aber eines weiß ich, daß er hier drin war, und ich hab ihm das erstbeste Ding nachgeworfen, das ich zu fassen bekam."

„Ich glaube, du hast einfach schlecht geträumt, Bob", lachte Danny.

„Aber ich sage dir doch, ich hab ihn gesehen. Ich warf die Lampe nach ihm."

„Vielleicht sahst du den Mann im Mond", war Dicks Kommentar.

„Egal, wer es war, ich wette, er hat ein blaues Auge", gab Bob zurück.

Obwohl sie sich über Bob lustig machten, lagen Dick und Danny lange im Bett, ohne Schlaf zu finden. Schließlich schlummerten doch alle drei ein, wachten aber beim geringsten Geräusch auf. Als die erste schwache Morgendämmerung den Horizont zu färben begann, richtete Bob sich auf und setzte sich auf die Bettkante.

Dannys Neues Testament lag da. Er nahm es an sich und schaute hinein. Zum erstenmal in seinem Leben hielt er ein Neues Testament aus eigenem, freiem Willen in der Hand. Es war immer noch feucht vom Bad, das es abbekommen hatte, als Danny seinen Vetter aus dem Wasser zog. Er blätterte die abgegriffenen Seiten behutsam um. Danny hatte viel darin unterstrichen.

„Darum wer mich bekennt vor den Menschen, den will ich auch bekennen vor meinem himmlischen Vater." Dieser Vers sagte genug. Er freute sich, Christus vor den Menschen bekennen zu können. Beim Evangelium Markus hatte Danny einen Teil eines Verses unterstrichen: „Alle Dinge sind möglich bei Gott." Einen Augenblick schloß Bob das Testament und sah über den Raum hinweg. Wenn man bedachte, daß er einen Gott von dieser Macht hatte, einen Gott, der alles vermochte! Bob strich liebevoll über das Testament. Dieser Gott hatte die Erlösung bereit für jeden, der sie haben wollte. Er mußte sich nur von Herzen zu Ihm wenden, seine Sünden bekennen und sein ganzes Vertrauen auf Jesus Christus setzen. Während er noch dasaß, hörte er, wie die Türe der Nachbarhütte geschlossen wurde, und einen Augenblick später gingen Cliff und Jack vorbei.

„Ich werde diesen Kerosingestank nie mehr aus meinen Kleidern kriegen", sprach Cliff mit gedämpfter Stimme. „Du hast mir doch gesagt, daß diese Jungs in der letzten Nacht im Hause der Orlis schlafen würden."

„Das dachte ich auch."

„Nun, das nächste Mal kannst du selbst in aller Heimlichkeit eindringen."

Als Bob Danny und Dick davon erzählte, meinte Danny:

„Nun verschone uns bitte mit diesem Unsinn."

Als sie an diesem Morgen zum Frühstück ins Haus hinüberliefen, warf Bob einen Blick auf Cliff und puffte dann Danny in die Rippen. Das linke Auge des Dicken war fast zugeschwollen und so schwarz wie Dannys zahme Krähe.

„Ich — ich bin gestern abend in der Dunkelheit in etwas hineingerannt", erklärte Cliff lahm, als er bemerkte, wie die drei Jungen ihn anstarrten.

„Ja", fügte Jack lachend hinzu, „unsere Türe wird nie mehr richtig schließen."

Die beiden Männer aßen hastig, standen dann ohne ein Wort der Entschuldigung auf und verließen das Haus, ehe Dannys Vater mit seiner Morgenandacht begann.

„Na, so was", meinte Mr. Orlis, als sie draußen waren, „ich möchte mal wissen, was in die gefahren ist."

Ein oder zwei Augenblicke später hörte man das knatternde Geräusch des Außenbordmotors, als das Boot flußabwärts jagte.

„Mit denen werde ich ein Wörtchen zu reden haben", knurrte Dannys Vater, und seine Augen waren zu Schlitzen zusammengezogen. „Ich schätze das gar nicht, wenn man meine Boote einfach ohne Erlaubnis wegnimmt."

Sobald Bibellese und Gebet beendet waren, entschuldigten sich Danny und die Zwillinge und eilten zum Kanu.

„Hast du die Karte?" fragte Dick, sobald sie auf dem Landesteg standen.

Danny nickte. „Ich habe auch Vatis Fernglas mitgenommen. Das könnte uns sehr zustatten kommen, wenn Cliff und Jack sich auf unsere Spuren setzen."

„Was willst du damit sagen?" wollte Bob wissen.

„Hast du eigentlich Cliffs Auge gesehen?"

„Ich glaube, ich muß zugeben, daß du nicht einem

Alptraum aufgesessen bist", meinte Danny. „Aber ich kann mir noch immer nicht vorstellen, was sie im Schilde führen."

„Ich auch nicht", warf Dick ein, „aber was es auch ist, für uns ist es jedenfalls alles andere als angenehm."

„Nun, wir wollen diese Burschen für eine Weile vergessen", fuhr Bob fort, „und diese Karte gründlich unter die Lupe nehmen. Was ist das genau, wo wir hingehen, Danny?"

„Hinunter nach Penasse auf American Point zum Massacre Island. Wir kamen direkt daran vorbei, als wir auf dem Boot von Warroad herüberfuhren."

„Sicher", bestätigte Dick, „ich erinnere mich. Du hast es uns gezeigt."

„Wenn dies die nördliche Richtung ist", erläuterte Danny, „dann müssen wir zur Südwestecke der Insel hinüberfahren und das Kanu zurücklassen. Nach der Karte ist der Schatz ein ziemliches Stück landeinwärts vergraben, und zwar da hinten auf dem kleinen Hügelrücken, der dort entlangläuft."

Sie paddelten eine halbe Stunde bedächtig mit langen, festen Schlägen dahin, die das kleine Kanu plätschernd durchs Wasser gleiten ließen.

„Sag mal, Danny", begann Bob schließlich, „in deinem Neuen Testament hast du einen Vers unterstrichen, in dem es so etwa heißt, daß der Leib eines Menschen ein lebendiges Opfer sei. Was soll das eigentlich heißen?"

„In welchem Teil steht das?" forschte Danny.

„Ich weiß nicht genau. Irgendwo in der Mitte."

Danny überlegte einen Augenblick. „Das muß der Römerbrief sein." Er hielt für einen Augenblick mit dem Paddeln inne, holte sein Testament und schlug das zwölfte Kapitel des Römerbriefes auf. „Hörte es sich etwa so an: ‚Ich ermahne euch nun, liebe Brüder, durch die Barmherzigkeit Gottes, daß ihr eure Leiber begebet zum Opfer, das da lebendig, heilig und Gott wohlgefällig sei, welches sei euer vernünftiger Gottesdienst'."

„Ja, das ist es. Was bedeutet das?"

„Nun", fing Danny an, „wenn Jesus in unser Herz einzieht, so bedeutet das unsere Errettung. Der Herr möchte aber mehr als das, Er möchte uns als Seine Werkzeuge oder Diener gebrauchen. Dazu muß Er aber über unseren Leib, ja über unsere ganze Persönlichkeit verfügen können. Es liegt nun an uns, Ihm den Leib und alle unsere Lebensgebiete zu übertragen und gewissermaßen als Opfer zu Seiner Verfügung zu stellen."

Bob schwieg für einen Augenblick. „Deshalb meinst du wohl auch, daß ein Christ weder rauchen, trinken oder sonst irgendwas tun soll, das seinem Körper schadet, damit er dem Herrn besser dienen kann, nicht wahr?"

„Das ist einer der Verse", antwortete Danny.

Dick, der während des Zuhörens den Horizont beobachtet hatte, griff nach dem Fernglas und richtete es auf einen dunklen Fleck am Ufer einer der Inseln.

„Schau mal da hinüber, Danny", forderte er ihn auf. „Sieht das nicht wie unser Boot aus?"

Danny warf einen Blick durch das Glas. „Richtig", meinte er. „Ich möchte wissen, was die da drüben tun."

„Ich wette, sie beobachten uns", warf Bob ein.

Danny drehte abrupt das Kanu und hielt nördlichen Kurs am Ufer von Massacre Island entlang. „Das werden wir bald wissen", raunte er. Während er und Bob wie wild paddelten, hielt Dick das Fernglas auf sie gerichtet.

„Sie folgen uns tatsächlich", berichtete er. „Und es sieht so aus, als ob einer von ihnen ebenfalls ein Fernglas auf uns gerichtet hat."

„Was sollen wir tun?" fragte Bob voller Unbehagen. „Mit diesem Motorboot sind sie uns weit überlegen. Sie können uns einholen, wann immer sie wollen."

Als Antwort tauchte Danny sein Paddel tief ins Wasser und drehte das Kanu auf das Ufer zu.

„Sie können uns nicht fangen, wenn sie uns nicht sehen", entgegnete er lachend. „Die Insel ist hier schmal. Wir werden das Kanu zur anderen Seite tragen, es dort ins Wasser setzen und dorthin paddeln, wohin wir wollen. Sie werden nie erfahren, was mit uns passiert ist."

Die Jungen paddelten in eine kleine Bucht, die ihnen für den Augenblick Schutz vor den spähenden Augen des Fernglases bot, holten das federleichte Kanu aufs Land und begannen, es durch die Bäume hindurchzuschleppen. Der Wald war dicht, doch es dauerte nur wenige Minuten, das Kanu über die schmale Landenge der Insel zu bringen und es dort wieder in den See zu lassen.

„Ich gäbe was darum, Cliffs Gesicht zu sehen, wenn sie zur anderen Seite gezischt kommen und nach uns suchen werden", lachte Bob.

„Los, macht voran", drängte Dick nervös. „Sie könnten auf diese Seite herumkommen und uns abfangen."

Die Jungen blickten sich ein wenig ängstlich um, als sie wie wild auf das Südende der Insel lospaddelten. Sie konnten den Außenbordmotor hören, als das Boot auf der anderen Seite von Massacre Island auf- und abfuhr. Ein paarmal hielten sie den Atem an und erwarteten, das Boot auf der Ostseite zu entdecken. Doch endlich verklang das hohe Summen in der Ferne.

„Sie fahren heim", meinte Danny erleichtert. „Und nun wollen wir uns aufmachen und nach dem Schatz suchen!"

Sie studierten die Karte, ließen das Kanu an dem

nächstgelegenen Ort zu dem mutmaßlichen Platz, wo der Schatz vergraben sein sollte, und machten sich auf den Weg durch den Wald zur Spitze des Hügelkamms.

„Ich glaube, wir sind ein bißchen zu weit rechts", bemerkte Danny, als sie anhielten und Atem schöpften. „Ich sehe hier nichts, was wie ein Granitblock mit einer gezackten Spitze aussieht."

„Wir hätten einen Kompaß mitnehmen sollen", belehrte Dick.

„Einen Spaten!" rief Bob plötzlich. „Wir sind hier einzig und allein deshalb hergekommen, um einen Schatz auszubuddeln, und haben nicht mal einen Spaten mitgebracht!"

„Nun", fuhr er gutmütig fort, „wir können ja heute nach dem Granitblock Ausschau halten und morgen zurückkommen und graben."

Danny mußte unwillkürlich daran denken, als sie den Kamm entlangwanderten, wie anders Bob geworden war, seit er zu Christus gefunden hatte. Vorher wäre er wegen des Spatens wahrscheinlich Danny an die Gurgel gefahren. Er würde Danny und Dick Vorwürfe gemacht und herumgewütet haben, bis beide das Gefühl gehabt hätten, sie müßten ihn in den See werfen. Nun stellte er einfach fest, sie könnten ja morgen wieder kommen. Ja, ein Christ zu werden, das hatte tatsächlich seine Auswirkung auf einen jungen Menschen.

Allerdings hätten sie für den Spaten ohnehin keine Verwendung gehabt, denn obwohl sie herumhetzten, bis es höchste Zeit war, um rechtzeitig zum Abendessen heimzukehren, fanden sie nicht das geringste Anzeichen des Findlings.

„Du glaubst doch nicht, daß irgend jemand ihn verrückt hat, oder doch?" fragte Bob, als sie das Kanu vor ihrer Hütte ans Ufer schoben.

„Aber sicher", lachte Danny, „per Huckepack."

Dick war der erste, der zur Hütte kam. Er hielt unter der Tür inne und pfiff verblüfft.

„Danny! Bob!" schrie er. „Schnell, kommt her! Jemand hat unsere Betten und Schubladen und alles herausgerissen und durcheinandergeworfen. Sie haben die Hütte buchstäblich auf den Kopf gestellt!"

DANNY KOMMT ZU HILFE

„Nun schaut euch dieses Durcheinander an!" rief Danny, als er mitten in der Hütte stand und sich umsah.

„Ich dachte, daß sie zurückkommen würden!" meinte Bob aufgeregt. „Als sie letzte Nacht einzudringen versuchten, ahnte ich, daß sie es nochmals probieren würden!"

„Sie sind hinter der Karte her", stellte Danny fest, als sei ihm diese Möglichkeit eben erst in den Sinn gekommen.

„Sicher wollen sie die Karte", bekräftigte Dick. „Sie haben herausgefunden, daß wir sie gefunden haben, und nun versuchen sie, sie uns abzujagen, wenn sie können."

„Und ich habe das Gefühl", setzte Danny düster hinzu, „daß sie nicht sehr wählerisch sind in den Mitteln, mit denen sie das erreichen wollen."

„Wahrscheinlich werden sie es heute nacht wieder versuchen, Jungs", fuhr er fort, „wenn wir nicht irgendwas unternehmen."

Danny schritt durch den Raum und schloß die Türe. „Wenn sie die Absicht haben, heute nacht nochmals einzudringen, dann können wir kaum viel dagegen tun. Das dringendste ist, die Karte an einen Ort zu bringen, wo sie diese nicht in die Finger bekommen werden, selbst wenn sie nochmals danach suchen."

„Was geschieht, wenn sie gewaltsam eindringen und uns zwingen zu verraten, wo sie versteckt ist?" fragte Bob.

„Dieses Risiko müssen wir eingehen", entgegnete Danny gelassen.

Sie schlüpften einer nach dem anderen hinaus in die Wälder und trafen sich hinter der alten Sägemühle am Rande des Fußwegs zum Schulhaus.

,,Seid ihr sicher, daß euch niemand gefolgt ist?'' fragte Danny die beiden Zwillinge, als sie alle drei wieder beisammen waren.

,,Niemand ist mir gefolgt'', antwortete Bob.

,,Mir auch nicht'', sagte Dick. ,,Ich bin durch das rückwärtige Fenster am Kuhstall hinausgeklettert.''

,,Nun'', meinte Danny, ,,ich glaube nicht, daß Cliff und Jack sich hier herumtreiben, aber wir wollen kein Risiko eingehen.''

,,Ganz richtig'', warf Bob ein. ,,Aber nun, da wir hier sind, wie du angeordnet hast, was machen wir nun als nächstes?''

,,Zu allererst werden wir die Karte so verstecken, daß sie dieselbe niemals finden können'', erwiderte Danny. ,,Dann werden wir unsere Sachen herrichten, damit wir morgen in aller Frühe losziehen können, ehe Cliff und Jack auch nur aufgestanden sind.''

Dick sah sich gründlich um. ,,Das sieht aber nicht nach einem günstigen Ort aus, um hier eine Karte zu verstecken.''

,,Es ist hier immer noch viel besser, als irgendwo im Haus oder einem der anderen Gebäude'', wandte Bob ein.

,,Das habe ich mir auch überlegt'', fuhr Danny fort. ,,Gleich nebenan hat es einen hohlen Stamm. Er ist abseits und doch nahe genug, so daß wir in der Frühe schnell vorbeikommen und die Karte holen können. Wenn die Burschen uns nicht hierher gefolgt sind, dann sind sie nie in der Lage, sie zu finden.''

Als die kostbare Karte erst einmal sicher in dem hohlen Baum versteckt war, begaben sich die Jungen zu ihrer Hütte zurück und suchten sich die Ausrüstung zusammen, die sie zu brauchen glaubten.

Bob entnahm seinem Koffer einen Kompaß, und Danny brachte aus dem Schuppen einen Spaten und ein Stück ordentliches, kräftiges Seil.

„Und nun", meinte er, „wollen wir Mutti bitten, uns das Abendessen herzurichten, dann sind wir bereit für morgen früh."

Die Essensglocke vor der Küchentüre bimmelte laut, und Dick stand auf. „Kommt", rief er. „Ich bin halb verhungert."

„Denkt daran", warnte Danny, „zu niemand ein Wort darüber, daß unsere Hütte durchsucht worden ist. Wir gehen einfach hinein und tun so, als sei nichts geschehen."

Unter der Türe hielt er inne.

„Sag mal, Carl", fragte der Kapitän des Bootes, das für die Nacht in Angle Inlet angelegt hatte. „Was ist eigentlich aus dem großmäuligen, aufsäßigen Burschen geworden, den ich vor einiger Zeit hierhergebracht habe. Bei meiner letzten Fahrt bemerkte ich, daß er sich wie ein ganz anderer Junge benimmt."

„Was meinen Sie damit?" mischte sich Danny lächelnd ein.

„Nun", erklärte der Kapitän, „er hat nicht mehr ständig die große Klappe. Er hat jetzt für jeden ein Lächeln und ein freundliches Wort und — ich weiß nicht, wie ich es erklären soll. Er benimmt sich einfach wie ein ganz anderer Mensch."

„Warum fragen Sie ihn nicht selbst, was über ihn gekommen ist?" schlug Mr. Orlis vor. „Er steht gerade unter der Türe."

Als Bob ins Zimmer trat, wandte sich Mr. Orlis ihm zu. „Bob, der Kapitän hier wundert sich, was mit dir passiert ist. Er meint, daß du dich gar nicht mehr wie jener Junge benimmst, den er hergebracht hat."

„Ich glaube, daß ich auch nicht mehr der Bursche von damals bin", erklärte Bob einfach. „Sehen Sie, seit ich hierherkam, habe ich zu Christus als meinem Erlöser gefunden, und daher kommt auch der Unterschied, den Sie an mir bemerken. Ich — ich bin keineswegs perfekt und werde es hier wohl auch nie sein, aber ich vertraue einfach auf Jesus Christus, daß Er mir hilft, mein Leben so zu führen, wie es Ihm gefällt."

Der Kapitän nahm sein Glas und trank einen langen Schluck Wasser.

„Ich weiß ja, Carl, daß du von der Veränderung gesprochen hast, die ein Mensch mitmacht, wenn er Christ wird", meinte er bedächtig, „aber das ist nun das erste Mal, daß ich dies mit eigenen Augen erlebe."

Die Jungen setzten sich an den Tisch, ehe sie merkten, daß da zwei Stühle leer waren.

„Wo sind Cliff und Jack?" fragte Danny und versuchte, seine Stimme möglichst gleichgültig klingen zu lassen.

„Wenn sie zum Essen nicht dasein können", entgegnete Mr. Orlis kurz angebunden, „dann können sie hungrig zu Bett gehen. Ich kriege diese beiden Burschen ausgesprochen satt. Die kommen einfach hieher und tun gerade so, als seien sie hier der Herr im Haus."

Sie hatten die Mahlzeit beendet und saßen im Gespräch im Wohnraum, als sie das Herannahen des Motorbootes hörten und erkannten, wie es am Landesteg festgemacht wurde.

Mr. Orlis sah fünfzehn oder zwanzig Minuten später auf seine Uhr. „Seltsam", meinte er. „Ich hätte eigentlich gedacht, daß diese beiden längst hereingestürmt wären und noch etwas zum Essen verlangt hätten." Er unterbrach sich für eine Weile, wandte sich dann wieder zu dem an seiner Seite sitzenden Kapitän: „Um Cliff und Jack gibt es irgend etwas Geheimnisvolles, und das gefällt mir gar nicht. Ich habe gute Lust, diese Herren in ein bis zwei Tagen fortzuschicken."

Bob wollte schon etwas sagen, aber Danny stieß ihn gegen das Schienbein.

Am nächsten Morgen waren die Jungen noch früher auf den Beinen als am Tag vorher. Sie zogen sich im Dämmerlicht des frühen Morgens an, und Bob und Dick beluden in aller Stille das Kanu, während Danny in den Wald schlüpfte, um die Karte zu holen.

„Hast du sie?" flüsterte Bob vorsichtig, als er einige Minuten später zurückkam.

„Ja", meinte Danny lächelnd. „Sie war dort so sicher wie nur irgendwo. Habt ihr alles beisammen?"

Dick sah sorgfältig nach und bejahte: „Es sieht so aus, als hätten wir dieses Mal alles."

„Fein."

„Wenn wir jetzt nur hier rauskommen und zur Insel hinübergelangen", flüsterte Bob leise, „ohne daß uns jemand bemerkt."

Während die beiden Zwillinge und Laddie ins Boot kletterten, sah sich Danny sorgfältig um und versuchte das Halbdunkel mit seinen Blicken zu durchdringen. Über dem See lag ein zarter Nebelschleier.

„Das Boot, das Cliff und Jack benutzten, ist hier, aber eins von den Kanus fehlt", bemerkte Danny, und seine Stimme wurde plötzlich angespannt.

Bob und Dick richteten sich abrupt auf.

„Was — was glaubst du, was mit ihm passiert ist?" fragte Dick, als ahne er die Antwort nicht.

„Cliff und Jack haben es sich genommen", warf Bob rasch ein.

„Sie konnten doch kaum früher herausgekommen sein als wir heute morgen", fuhr Danny fort. „Sie müssen schon vergangene Nacht losgefahren sein."

„Dann — dann sind sie dort draußen", stotterte Bob aufgeregt. „Sie sind irgendwo da draußen auf dem See und — und warten auf uns!"

„Was sollen wir tun?" wollte Dick wissen.

Danny trat vorsichtig in das Kanu und schob es vom Landesteg weg. „Wir legen besser los, so schnell wir können", meinte er, „um uns diesen Nebel zunutze zu machen. Solange er sich hält, können sie uns nicht sehen."

„Aber wir können sie auch nicht sehen", rief Bob aus.

Sie schwangen fachkundig ihre leichten indianischen Paddel, und das schlanke Kanu glitt leise durch das Wasser. Der Bug schnitt V-förmige Wellen in die glatte Oberfläche. Es war kalt draußen auf dem großen See im nördlichen Minnesota, doch die Jungen bekamen durch das Paddeln schnell warm. Drei oder vier Meilen glitten sie über eine Wasserfläche, so glatt wie ein Marmorboden. Die Nebeldecke war so dicht, daß sie das Ufer nicht ausmachen konnten.

„Wir müßten eigentlich schon ziemlich nahe bei Massacre Island sein, oder nicht?" flüsterte Dick leise, als sie eine kleine Verschnaufpause einlegten.

„Es ist nicht mehr weit", bestätigte Danny.

„Bis jetzt haben wir Glück gehabt", bemerkte Bob. „Wenn wir nun noch den Rest des Weges sicher hinter uns bringen, dann ist alles okay."

Laddie rührte sich ein bißchen, und Danny streichelte den großen Hund liebevoll am Kopf. „In einem kleinen Weilchen sind wir da, mein Alter."

„Weißt du", meinte Bob plötzlich, „ich hab eben drüber nachgedacht. Wenn wir den Schatz finden, dann ist da etwas, was wir tun sollten."

„Und was?" fragte Dick. „Vielleicht nach Florida fahren?"

„Nein", fuhr er fort. „Ich dachte an dieses Schulhaus, das wir als Kirche benützen müssen. Ich weiß, es kommt nicht auf das Gebäude an, in dem wir unsere Andacht halten, aber ich stelle mir vor, wenn wir ein hübsches, kleines Gotteshaus hätten, das wie eine Kirche aussieht, dann würde das eine Menge zur Verschönerung unserer Versammlungen beitragen. Vielleicht könnten wir dann auch versuchen, einen Pastor oder einen Missionar hier heraufzubekommen, der die Gottesdienste hält. Dann würde endlich auch etwas getan werden für Leute wie Rick Donnervogel und die anderen Indianer und Weißen, die hier in der Einsamkeit leben und noch wenig oder überhaupt nichts von Jesus gehört haben."

Dick und Danny sahen sich einen Augenblick lang sprachlos an. „Weißt du, Bob", äußerte sich Danny endlich, „du bringst mich dazu, daß ich mich vor mir selber schäme. Da habe ich nun lediglich an das gedacht, was ich für mich selbst tun wollte, und du, der du noch nicht sehr lange Christ bist, mußt mir zeigen, an was ich hätte denken sollen."

„Das meine ich auch", setzte Dick hinzu.

Die Jungen zogen ihr Kanu aufs Ufer und versteckten es in dem Buschwerk, welches das Ufer säumte.

„Ihr beiden geht mit der Karte und dem Kompaß direkt auf den Platz zu, wo der Schatz vermutlich vergraben ist", verordnete Danny. „Ich bringe unser ganzes Zeug da zu der Fichte, wo wir gestern waren, und schlage das Lager auf. Dann treffe ich euch, und wir machen uns dann wirklich an die Arbeit."

„Das hört sich vernünftig an", rief Bob und holte die

zerknitterte, verblaßte Karte aus dem Kanu.

Die Zwillinge zogen los. Halb laufend durchquerten sie den Wald, während Danny die Ausrüstung und das Essen auslud und in Begleitung von Laddie den Anstieg zum steilen Hügelkamm begann.

Die Last war schwer und sperrig, so daß er mehrfach anhielt und rastete. Er brauchte fast eine halbe Stunde bis zu der großen Fichte. Eben legte er Spaten und Seil nieder, als er einen lauten, markerschütternden Schrei hörte.

Er erstarrte augenblicklich. Laddies Nackenhaare sträubten sich, und der Hund knurrte und tat einige Schritte auf den Laut zu.

Da wieder! „Hilfe! Danny! Hilfe! Hilfe!"

Dannys Herz klopfte bis zum Hals. Bob und Dick waren in Schwierigkeiten!

DER WAHRE SCHATZ

Danny Orlis blieb einen Augenblick stehen. Kalte Schauer jagten über seinen Rücken. Der Schrei war aus der Richtung gekommen, in die Dick und Bob vor einigen Minuten gegangen waren. Jemand mußte sich ihrer bemächtigt haben! Während er noch dastand, klang von neuem der Schrei an sein Ohr, ein Schrei, der einem das Blut gefrieren lassen konnte. „Hilfe! Danny! Hilfe!"

In Laddies Nacken stellten sich unheilverkündend die Haare auf. Seine Schultermuskeln strafften sich, als wollte er jeden Moment jemand anspringen.

„Ruhig, Alterchen", flüsterte Danny heiser und legte seine Hand dem großen Hund auf den Rücken. „Ruhig! Ruhig!"

Noch bevor der Schrei verklungen war, wußte Danny, was passiert war. Jack und Cliff hatten sich wohl überlegt, daß die Jungen nach Massacre Island zurückkommen würden. So hatten sich diese beiden Ganoven aus Angle Inlet weggeschlichen, wozu sie das Kanu benutzten, und sich auf der Insel versteckt, um auf sie zu warten. Nun hatten sie die Karte und Dick und Bob und alles!

Laddie tappte Schritt für Schritt vorwärts. Die Ohren hatte er zurückgelegt, und seinen messerscharfen Zähnen entwich ein tiefes Knurren. „Ruhig, Laddie, ruhig." Der Hund entspannte sich ein wenig, hielt aber seinen scharfen Blick auf die Bäume in der Richtung gerichtet, aus welcher der Schrei gekommen war.

Eine atemlose Stille schien sich über die Insel zu senken. Sie hüllte Danny wie eine Wolke ein. Nur sein eigener, tiefer Atem war zu vernehmen. Er tat einen Schritt vorwärts. Ein Zweig knackte unter seinen Füßen. Sein Herz schlug nun schneller, und der Atem ging in kurzen Stößen. Wenn er nur umkehren und losrennen könnte! Wenn er nur von der Insel fliehen könnte, ehe Cliff und Jack auch ihn erwischten!

Plötzlich schämte er sich seiner Gedanken, schämte sich, daß er fähig gewesen war, überhaupt nur daran zu denken, abzuhauen und Bob und Dick in den Händen dieser beiden Männer zu lassen.

Langsam sank er auf die Knie und begrub Gesicht und Hände in Laddies breiten Rücken.

„Himmlischer Vater", betete er, „sei mit Dick und Bob und bewahre sie vor allem Schaden. Und hilf mir, einen Weg zu finden, wie ich ihnen helfen kann, — schnell."

Er wußte nicht, wie lange er so dakniete. Es konnten zwei Minuten sein, vielleicht aber auch zehn oder fünfzehn Minuten. Doch ehe er aufstand, kam eine ruhige Gewißheit über ihn. Er war noch immer verängstigt, so sehr, daß seine Handflächen mit Schweiß bedeckt waren und sein Herz wie ein Schmiedehammer pochte, aber irgendwie hatte er sich unter Kontrolle. Er wußte, daß Gott zur Stelle war, ihm zu helfen. „Und, o himmlischer Vater", schloß er sein Gebet, „ich danke dir, daß Dick und Bob zu dir als ihrem persönlichen Erlöser gefunden haben. Im Namen Jesu. Amen."

Langsam erhob er sich. Zuerst mußte er zu der Stelle gelangen, an der Jack und Cliff die beiden Zwillinge gefangenhielten. Wenn ihm das gelang, ohne gesehen zu werden, dann konnte er sich dort an Ort und Stelle etwas ausdenken. Er ging die Gegenstände durch, die er vom Kanu heraufgeschleppt hatte. Sein Jagdmesser war am

Gürtel befestigt. Dazu fand er ein langes Stück Seil und eine scharfe Axt, aber das war auch alles. Rasch hob er sie auf und machte sich auf den Weg in der Richtung, aus der die Schreie gekommen waren.

Seine Erfahrung in den Wäldern war ihm von großem Nutzen, als er dem Kamm auf der Suche nach Dick und Bob entlangging. Er schritt rasch, aber ruhig aus und suchte mit den Blicken flink den vor ihm liegenden Wald ab, jeden Schatten, jede flüchtige Bewegung aufnehmend. Er hielt häufig an. Seine scharfen Ohren waren gespannt auf jeden Laut von Stimmen oder Füßen gerichtet, aber auch auf das Geschnatter von Eichhörnchen oder Vögeln, welche die Anwesenheit von Menschen verrieten. Er schlich durch den Wald wie ein Indianer, mit geschärftem Blick und vorsichtig, immer ein Schritt vor dem anderen. Laddie schien zu spüren, was er tat, und drängte sich eng an ihn. Seine Pfoten setzte er leise auf Moospolster.

Er hatte vielleicht eine halbe Meile zurückgelegt, als er in den Bäumen vor sich einen Laut hörte. Laddie vernahm ihn zuerst. Der Hund stellte die Ohren auf und hielt an, mit der Nase voran witternd. Danny erstarrte auf der Stelle, als die Haare im Nacken seines Hundes zu zittern begannen. Das Geräusch war schwach und unbestimmt, aber es war da. Sie waren also irgendwo vor ihm. Sein Herz begann von neuem zu rasen, als er Schritt für Schritt mit einem stummen Gebet auf den Lippen weiterpirschte.

Mit jedem Schritt schienen die Geräusche lauter zu werden. Einen Augenblick später konnte er Cliffs und Jacks Stimmen erkennen. Sie sprachen schnell und laut.

Danny blieb einen Augenblick stehen. Es gab keine Frage, was er vorfinden würde, wenn er noch näher heranging. Er konnte auf eine Lichtung geraten und ihnen von Angesicht zu Angesicht gegenüberstehen. Er konnte über einen dürren Zweig stolpern oder über einen Stein fallen und geschnappt werden, ehe er Dick und Bob auch nur zu Gesicht bekam, geschweige denn sie retten konnte. Er konnte — aber da war keine Zeit mehr, an solche Dinge zu denken. Er ließ sich auf den Bauch nieder und begann weiterzurobben. Laddie kroch neben ihm über den Boden.

„Ich sage dir, Jack, wir hätten zuerst nach diesem anderen Burschen Ausschau halten sollen", erklärte Cliff eben zornig, „und erst nachher auf die Suche nach dem Schatz gehen. Er ist irgendwo auf dieser Insel unterwegs, und es gibt keine Frage, was er tun wird."

„Nun erzähl mir bloß nicht, daß du Angst vor einem Jüngelchen bekommst", spottete Jack. „Komm lieber mit dem Minensucher daher, damit wir uns an die Arbeit machen können."

„Okay, okay", entgegnete Cliff.

Danny preßte sich noch dichter gegen den Boden und begann langsam vorwärtszukrabbeln. Er konnte sie nun sehen, wie sie mit diesem seltsamen Apparat, den er in ihrer Hütte bemerkt hatte, über den Boden gingen. Und vielleicht zehn Meter hinter ihnen konnte er Dick und Bob sehen, die fest gebunden und geknebelt waren.

„Schau nochmal auf der Karte nach, ja?" raunte Cliff. „Ich habe nicht den Eindruck, daß wir an der richtigen Stelle sind."

Jack studierte die Karte, die sie den Zwillingen gestohlen hatten. „Du gehst besser fünf oder sechs Schritte nach —" Ehe er fertigsprechen konnte, begann der Minensucher wie wild zu ticken.

„Wir haben ihn gefunden! Wir haben ihn gefunden!" schrie Cliff laut, warf den Minensucher weg und fiel an der Stelle auf die Knie nieder, an der das Gerät Metall angezeigt hatte.

„Geh aus dem Weg und laß mich mit dem Spaten ran!" rief Jack und schob seinen Partner beiseite. „Hol den anderen Spaten, und dann nichts wie ran an die Arbeit!

Sie begannen in dem harten, steinigen Boden wie wild zu graben, hackten den Boden auf und hieben mit dem stumpfen Beil, das sie mitgebracht hatten, die Baumwurzeln ab.

Danny beobachtete zwei oder drei Minuten lang ihre wahnsinnigen Anstrengungen, zu dem Schatz hinunterzugelangen. Dann drehte er sich um und begann um die kleine Lichtung herumzukriechen zu der Stelle, an der Bob und Dick angebunden waren. Er bewegte sich leise und hielt immer eine Reihe Bäume zwischen sich und den Männern; aber die waren viel zu aufgeregt, zu versessen auf Gold, um irgend etwas zu hören. Sie versuchten beide gleichzeitig zu graben, und hin und wieder konnte man das Klingen ihrer Spaten hören, wenn sie aufeinandergestoßen waren.

Danny schlüpfte hinter die Zwillinge und schnitt die Stricke durch, mit denen ihre Hände und Füße zusammengebunden waren.

„Pscht!" flüsterte er hinter einem Baum. „Seid ihr bereit?"

Beide nickten grimmig.

Cliff und Jack hatten ein etwa knietiefes Loch gegraben, das sechzig bis neunzig Zentimeter breit sein mochte. Einer stand im Loch, der andere beugte sich darüber. Letzterer arbeitete so hart, daß ihm der Schweiß über das Gesicht rann und sein Hemd durchfeuchtete.

„Laddie", flüsterte Danny seinem Hund ins Ohr, der neben ihm kauerte, „faß! Faß!"

Der große Hund stieß ein Knurren aus und sprang über die kleine Lichtung. Er stieß Jack mit voller Wucht mit den Vorderpfoten ins Kreuz. Der erschreckte Mann fiel um sich schlagend auf seinen Gefährten in das Loch. Beide waren zu einem Knäuel verstrickt, und auf ihnen lag der fauchende, um sich beißende Hund. Einen Augenblick später sprangen die drei Jungen mitten in das Gefecht, und ehe Cliff und Jack gewahr wurden, was los war, hatten Danny, Dick und Bob sie sicher gebunden. Beide Männer schrien laut: „Ruft den Hund weg! Ruft den Hund weg!"

„Nieder, Laddie!" befahl Danny, und der Hund legte sich augenblicklich ohne zu knurren hin; doch seine Schultern waren gespannt, und er ließ keinen Blick von den beiden Männern.

„Mann, du bist gerade rechtzeitig gekommen", keuchte Bob, als die Aufregung vorbei war und die beiden Männer an einen Baum gefesselt waren.

„Ja, heute morgen hat mich der Herr geführt", bekannte Danny.

„Weißt du", erzählte Bob, „wir beide machten uns nicht allzuviel Sorgen. Wir haben die ganze Zeit gebetet."

„Wir haben darum gebetet, daß du in der Lage sein mögest, uns zu befreien, aber wir haben dich nicht so schnell erwartet."

„Nun", meinte Danny lächelnd, als er sah, wie Cliff und Jack ihn wütend anstarrten, „glaubt ihr, daß dieses Minensuchgerät wirklich den Schatz entdeckt hat?"

„Jetzt ist die beste Zeit, das herauszufinden", erklärte Bob und griff sich einen Spaten.

„Wart, ich helfe dir", rief Danny. „Laddie, paß auf sie auf."

Der große Hund legte sich vor den beiden Männern nieder und knurrte jedesmal, wenn einer von ihnen sich rührte.

„Hetz ihn nicht mehr auf uns!" bat Cliff. „Wir versuchen nicht, abzuhauen, ehrlich. Nur hetz ihn nicht mehr auf uns."

„Versucht keine krummen Tricks, dann werdet ihr und Laddie prima miteinander auskommen", erklärte Danny, „andernfalls fährt er mitten unter euch."

Als Bob zum erstenmal seinen Spaten in die Erde setzte, traf er auf etwas Festes.

„Ich — ich bin auf etwas gestoßen!" rief er aufgeregt.

Dick packte den anderen Spaten und begann ebenfalls zu graben, und in Nullkommanichts hatten sie eine kleine rostige Kiste freigelegt.

„Das ist er!" triumphierte Danny.

„Wir haben ihn gefunden! Wir haben ihn gefunden!" krähten Dick und Bob wie aus einem Munde.

„Stop", rief Danny, „ich helfe euch!" Gemeinsam hoben sie dann die Kiste aus dem Loch.

„Beeilt euch!" drängte Bob. „Wir wollen sie aufmachen und sehen, was drin ist."

„Ich fürchte, damit müssen wir warten, bis wir in Angle Inlet zurück sind", erwiderte Danny. „Sieh dir das Vorhängeschloß an. Wir haben nichts bei uns, womit wir es aufbrechen können."

„Moment mal", meinte Bob, „ich probier's mal." Er hieb ein gutes Dutzend mal mit dem Beil dagegen, doch das harte Metall bekam nicht einmal einen Kratzer. „Ich glaube, du hast recht", gab er zu.

Laddie bewachte die beiden Gefangenen, während sie die Schatzkiste hinunterschleppten und sie in das große Kanu einluden, das Jack und Cliff gestohlen hatten. Dann holten sie die Männer und den Hund und verstauten alle drei im zweiten Kanu und verfrachteten alles zusammen nach Angle Inlet.

„Hast du nicht Angst, daß sie abhauen?" fragte Dick, als Danny ihnen befahl, das Kanu zu besteigen.

„Nicht, wenn Laddie dabei ist", entgegnete Danny.

„Auch nicht mit gebundenen Händen", fügte Bob hinzu. „Sie werden kaum herausklettern wollen, wenn ihre Hände gefesselt sind. Wie sollten sie auf diese Weise schwimmen können?"

Als sie nach Angle Inlet zurückkamen, standen Dannys Mutter und Vater, ein Mountie (Angehöriger der Royal Canadian Mounted Police) und die Bootsbesatzung auf dem Landesteg und warteten auf sie. Das Schnellboot des Mountie lag am Ende des Landestegs und tuckerte im Leerlauf vor sich hin.

„Nach weiteren fünf Minuten hätten wir uns auf die Suche nach euch gemacht", meinte Mr. Orlis, als sie festmachten. „Wir haben eben das Schnellboot aufgetankt und wollten dann losfahren."

„Das sind die Burschen", rief der Mountie. „Das sind sie in Person. Ihre Masche ist, ein Territorium aufzusuchen und ahnungslosen Leuten gefälschte Schatzkarten zu verkaufen, Karten so wie die, die wir in ihrer Hütte gefunden haben."

„Wir haben aber eine echte Schatzkarte gefunden", warf Bob ein. „„Und wir haben auch den Schatz als Beweis!"

Alle versammelten sich um sie, als Mr. Orlis mit einem Brecheisen das Schloß aufsprengte.

„Gold!" riefen Dick und Bob wie aus einem Munde. „Gold!"

„Ich — ich glaube, da haben wir genug, um unsere Kirche zu bauen", stammelte Danny.

„Das meine ich auch", bekräftigte Bob, „und noch etwas für Missionen und dann immer noch genug für uns selbst."

Später, als der Mountie Cliff und Jack in sein Boot verladen hatte und über den See abgebraust war, jubelte Bob zu Dick und Danny: „Wißt ihr, es war schon eine Sache, den Schatz zu finden. Aber dieser Schatz ist nicht das Wichtigste, was ich in Angle Inlet gefunden habe. Das Wichtigste ist Jesus Christus, mein persönlicher Erlöser, den ich hier fand."

Dick schwieg eine Weile. „Ich glaube, damit hast du recht."

Danny schaute sie an und grinste. „Ich habe für euch zwei gebetet, seit ich hörte, daß ihr kommen würdet, um hier den Sommer zu verbringen. Und wenn ich hätte wählen müssen, dann hätte ich allemale euch zwei als Christen haben wollen und auf meinen Anteil am Schatz verzichtet."

„Aber Gott hat uns beides geschenkt, die Erlösung und den Schatz", stellte Bob fest. „Ich glaube, das zeigt, wie Er uns segnet, wenn wir treu sind."

Und alle drei knieten auf dem Boden der kleinen Hütte nieder, beteten und dankten Gott für seine Güte, die Er ihnen erzeigt hatte.

Im Trachsel-Verlag erscheinen in der Reihe der Danny-Orlis-Bücher noch 23 weitere Bände. Weil diese Bücher den Weg zum ewigen Leben in gut verständlicher, klarer und vor allem in biblischer Weise aufzeigen, dürfen wir sie zu einer mächtigen Verbreitung bestens empfehlen. Daneben sind die Danny-Orlis-Geschichten auch sehr spannend und vermitteln aufschlußreichen Einblick in Gebiete auf unserem Planeten, die wir selber vielleicht nie bereisen können. Interessant ist, daß diese Bücher, obwohl sie eigentlich für junge Menschen geschrieben sind, auch von älteren und betagten Leuten mit Spannung und echtem Gewinn gelesen werden!

Ein wichtiger Hinweis:

Jedes der Danny-Orlis-Bücher kann absolut für sich allein gelesen und auch für sich allein weiterverschenkt werden. Weil die Geschichten jedoch sehr oft ein früheres Ereignis zum Ausgangspunkt haben, ist es vorteilhaft, die Bücher der Reihe nach zu lesen. Sie können die Reihenfolge an den TELOS-Nummern erkennen und zwar sind es die Nummern 3577 - 3600.

Wir machen Sie hier mit folgenden acht Danny-Orlis-Titeln bekannt:

Danny Orlis und die seltsamen Waldbrände
TELOS-Jugendbuch Nr. 3577

In diesem ersten Buch der Danny-Orlis-Reihe wird das Geheimnis der seltsamen Waldbrände und des mysteriösen Unfalls des Vaters von Tip und Pixie gelüftet.

Danny Orlis und das Flugzeugwrack
TELOS-Jugendbuch Nr. 3578

Der erschütternde Bericht über einen auch für Danny Orlis folgenschweren Flugzeugabsturz. – Was geschieht nun mit den Zwillingen Ron und Roxie? Es scheint, daß hier der Faktor Zeit eine ganz wesentliche Rolle spielen wird. Wer gewinnt die verzweifelte Jagd nach dem entscheidenden Testament von Mr. Bauer?

Danny Orlis und die sprechenden Felsen
TELOS-Jugendbuch Nr. 3579

Hier geht es um die heiße Frage, weshalb sich Onkel Harold derart intensiv um das weltabgelegene Grundstück der Zwillinge Ron und Roxie interessiert. – Danny und seine Freunde haben ein unheimliches Erlebnis in einer scheinbar verlassenen Geisterstadt. – Wenn nur der alte Jim Harrison mit seinem Schießeisen nichts Dummes macht! Dabei lüftet sich aber das Geheimnis der sprechenden Felsen. – Ob aber dem Betrüger das Handwerk noch rechtzeitig gelegt werden kann?

Danny Orlis in der Heiligen Höhle
TELOS-Jugendbuch Nr. 3580

Unerwartet dürfen Sie mit Danny, Ron und Newton eine interessante Reise nach Mexiko machen! – Dem Auftrag, einen Geländewagen auf die Missionsstation Zongolica zu bringen, haftet irgend etwas Geheimnisvolles an. Weshalb werden sie auf der Reise plötzlich verfolgt? – Nach und nach klärt sich einiges, und schließlich werden die Jungen zu den Entdeckern der Heiligen Höhle.

Danny Orlis in der Mannschaft
TELOS-Jugendbuch Nr. 73581

Wohin führt das unmögliche Verhältnis zwischen Pegy Denton und Eric Tanner? Diese bange Frage steht parallel zu den Ereignissen um das Spiel zwischen Iron Mountain und Spring Creek, das in verbrecherischer Weise beeinflußt werden soll. – Können die nötigen Beweise wohl erbracht werden?

Danny Orlis und der Junge, der mit dem Leben spielte
TELOS-Jugendbuch Nr. 3583

Mit heulenden Sirenen verfolgt die Polizei Ken Meyer, der mit Danny und Rick eine Spritzfahrt unternimmt. Wie wird die Sache vor Gericht ausgehen? Aber es gibt noch Schlimmeres! – Wie groß ist das Risiko, wenn die wichtigste Lebensentscheidung auf spätere Zeiten verschoben wird?

Danny Orlis und das Abenteuer in Guatemala
TELOS-Jugendbuch Nr. 3584

In Guatemala erprobt Danny ein neues Missionsflugzeug. Dort ereignet sich im undurchdringlichen Urwald ein furchtbares Unglück. Dieses bringt für die Drillinge Doug, Del und DeeDee – aber auch für die Familie Orlis – unerwartete Folgen.

Danny Orlis und das Geheimnis der Bergschlucht
TELOS-Jugendbuch Nr. 3585

Auf der Ranch in Texas gibt es seltsame Lichter. Die Drillinge Doug, Del und DeeDee versuchen die Sache zu ergründen. Dabei ereignet sich allerlei Unerwartetes! Die größte Überraschung erfährt jedoch Onkel Clarence. Er erlebt eine Verwandlung, die er für sein Leben kaum je für möglich gehalten hätte!

Nebst der Danny-Orlis-Reihe finden Sie im Trachsel-Verlag weitere spannende Jugendbücher mit einem wertvollen geistlichen Gehalt, die tatsächlich außer von Jungen selbst von Großeltern mit Freude gelesen werden:

Valerie's Abenteuer in der Wildnis
TELOS-Jugendbuch Nr. 3564

Vier Mädchen, allein auf Safari im Grizzly-Wildpark, erleben ein erschreckendes Abenteuer, als ein mit einer halben Million abgesprungener Flugzeugentführer sie in seine Gewalt nimmt. Mit Gottes Hilfe wird aber der Mut zu kühnsten Entscheidungen in einer äußerst schlimmen und gefährlichen Situation gefunden. – Christy (16) und Meg (15) sind ungläubig. Valerie (18) jedoch ist eine überzeugte und bekennende Nachfolgerin des Herrn, während Joanne (16) leider nur dem Namen nach Christ ist. Wie letztere zu einem klaren Bekenntnis für Jesus Christus kommt und wie sie merkt, daß ihr Namenschristentum nur eine leere Farce ist, das ist die Essenz dieser spannenden Geschichte. Daß schließlich auch Meg zu Jesus findet, ist ein weiterer Höhepunkt. – Ein Buch für Mädchen und Jungen ab 12 Jahren, gläubige und ungläubige; besonders auch für solche, die Schwierigkeiten mit ihrem Bekenntnis haben.

Frosty Roberts und das versteckte Kleinod

TELOS-Jugendbuch Nr. 3565

Frosty und Todd, die zwei jungen Amerikaner, werden im fernen Osten völlig unerwartet in ein aufregendes Abenteuer verwickelt. Hier einige Stationen: Mysteriöse Führung kreuz und quer durch die Großstadt Singapore – Enthüllung des großen Geheimnisses – Reise mit Kapitän Tham nach George Town auf Penang – Verfolgt durch Piraten – Schatzsuche im Tempel des Buddha – Entführung – Gefangenschaft auf einsamer Insel – Das große Ereignis im Motorboot. Ein spannendes Buch für Jungen und Mädchen ab 12 Jahren und zwar sowohl für solche, die keine Beziehung zu Jesus haben als auch für Leute, die den Herrn kennen.

Nebst der wirklich sehr interessanten und spannenden Geschichten wird in allen hievor empfohlenen Jugendbüchern der Weg zu Jesus Christus aufgezeigt. Alle, die diesen Weg, der allein zu echtem Glück und insbesondere zum ewigen Leben führt, beschreiten wollen, oder die bereits auf diesem einzigen Weg zur ewigen Errettung wandern, sollten sich täglich intensiv mit den geistlichen Dingen befassen. Nehmen Sie sich doch jeden Tag genügend Zeit, um in der Bibel zu lesen. Sie ist das Wort des lebendigen Gottes und durch dieses Wort will der Herr ganz konkret in alle Bereiche Ihres Lebens sprechen. – Auf Ihren Wunsch hin senden wir gerne Verzeichnisse von ausgewählten Büchern, die Ihnen beim täglichen Bibelstudium eine wertvolle Hilfe sein werden.

TRACHSEL VERLAG, CH-3714 Frutigen